世界を動かす
変革の力

ブラック・
ライブズ・マター
共同代表からのメッセージ

アリシア・ガーザ［著］
人権学習コレクティブ［監訳］

The Purpose of Power:
How We Come Together When We Fall Apart
by Alicia Garza

明石書店

THE PURPOSE OF POWER:
How We Come Together When We Fall Apart
by Alicia Garza

This translation published by arrangement with One World,
an imprint of Random House, a division of Penguin Random House LLC
through The English Agency (Japan) Ltd.

マミーへ

目次◆

ガーザは「組織化の使命と目的は、力（パワー）を築き上げることである。パワーがなければ、自分たちに損害を与えている地域社会を変えることはできない」と本書のタイトルでもある原点に立ち返る。この本は、真の活動家になるために何度も立ち返るべき原点と、その先に進むにはどうすればいいのかを示してくれる。ぜひ、社会を変える一歩を踏み出したいと考えている人、すでに活動をしている人に手にとってもらいたい。

日本の読者に向けて邦訳に取り組んだ私たちも、翻訳を通してガーザが伝えようとする言葉の真意を探り、摑み、表現するよう心がけたつもりである。長く深い差別の歴史から、自らの命と尊厳のために立ち上がる黒人の運動に敬意を表すとともに、ガーザが挫折しそうになりながらでも、決して諦めず、外へと手を伸ばし、また再び立ち上がって自身の闘いの軌跡とこれからの運動への道筋を明確に示してくれたことに、深い敬意と感謝の念を表明したい。

２０２０年11月30日

人権学習コレクティブ
出口　真紀子

序章

７年前、私はパトリス・カラーズ、オパール・トメティとブラック・ライブズ・マター（Black Lives Matter 黒人の命を軽視するな）のグローバル・ネットワークを立ち上げた。ブラック・ライブズ・マターは一つのハッシュタグを発端に、フェイスブックやツイッターのようなソーシャルメディア（ＳＮＳ）上で拡散され続け、世界的ネットワークへと発展した。この運動は、公民権運動※の高揚期以降、もっとも多くの抗議行動を生み出している。私はブラック・ライブズ・マターの物語とその起源、そして非常に重要な教訓について記録するため、本書を執筆することにした。

ところがいざとりかかってみると、予想外のことがついて出た。母のことや、母が私に示してくれた世界観を思い出し、冒頭から私自身の人生の旅を物語ることとした。20年以上にわたる私の組織化の経験や、運動の構築の経験から得た教訓と同時に、この活動を始めたときにあればよかったと思う知識、必要だった言葉を記している。正直に打ち明ければ、それは今まさに私が必要としている言葉

※　１９５０年代から60年代にかけて、アメリカの黒人が憲法に認められた個人の権利の適用と人種差別の解消を求めて行った社会運動

でもある。そしてこの本に綴った言葉が、読者の皆さんにすぐに役立つことを心から願っている。

ブラック・ライブズ・マターを始めたとき、私はすでに10年以上、オーガナイザーとしての経験があったが、これほど注目を浴びた運動は初めてだった。オーガナイザーとして国内の地域運動の連携をつくっていた私は、いきなり国際的に脚光を浴びる世界に放り出されるとは思っていなかった。仲間たちはきっと、ブラック・ライブズ・マターが私を育ててくれたと言うだろうが、実は少し違う。確かに、この運動の経験を通して精神的に強くなったし、心優しくもなった。前よりも自分の言葉に自信がもてるようになり、自分の価値観を研ぎ澄ますことができた。日々、心が痛むことがあっても、自分を奮い立たせて再び向き合うことができるようにもなった。ブラック・ライブズ・マターのおかげで運動の拡げ方を早く学ぶことができた。ただ、私が成長したのは、それ以前の10年間の組織化活動を通してだった。

私の両親は骨董品の商売をしていたので、小さいころから、人々の営みや人々が作った物を通じて歴史に触れて育った。例えば、私が好きな陶磁器はサツマと呼ばれ、表面が細かい破片でできているように見える。色を深く鮮やかに見せるデザインは、優雅さと高貴さを備えて、陶磁器自体を古く見せることができる。子どもながらにサツマの美しさに魅せられたのは、壊れた破片を集めて何か新しい物を作っているようだったからだ。もし焼き物の破片が継ぎ合わされて何か別の物になるとしたら、どんな歴史をたどったのだろうと想像するのが好きだった。将来は、宝石箱や急須や皿になり、どんなことが待ち受けているのだろうと想像した。

本書は、一人のオーガナイザーが、何度も砕かれながら繰り返し継ぎ合わされる物語である。本書に込められた言葉やその言葉が紡ぐストーリーによって、さらに大きな物語になるよう豊かさと深みをもたせようとしている。本書はブラック・ライブズ・マターの物語だけではなく、その運動が生まれた背景を解説する物語であり、この運動や類似の社会運動が私たちの未来にどんな可能性をもたらすかを理解するための物語なのだ。さらに本書は、私がこれまで学び、今まさに学びつつある教訓を読者の皆さんに伝える。そして私が得た教訓をもって、深刻な危機にありながら、同時に無限の可能性を秘めたこの時代にどう役立つのかを示すだろう。

今こそ、アメリカ全土に地殻変動を起こす運動が求められているのだ。

一般市民がハッシュタグから運動を起こすにはどうしたらいいかと、ここ数年、何度も尋ねられた。こうした質問はたいがい真摯な気持ちから出たものだが、今でも聞かれるたびにうんざりした気持ちになる。なぜか。それはハッシュタグから運動を起こすことはできないからだ。運動とは人間の集団が起こすものだ。運動には正式な始めと終わりの瞬間はなく、決して一人の人間が始めるものでもない。運動とは、電気のスイッチよりむしろ波に近い。波は干満を繰り返し終わることがない。どこで始まるか、そして終わるかは定かではなく、どこへ向かうかは、周囲の状況や障壁に左右される。私たちは上の世代から運動を受け継ぎ、心が折れることがあっても繰り返し関わる意志を新たにする。運動は私たちが生きていくために不可欠なものだからだ。

私がこう説明すると、質問した人はたいてい首をかしげる。私は運動の秘訣を独り占めにしているのだろうか、自分のことを卑下しすぎだろうか、それとも運動がどうやって起こるか知らないだけなのだろうか。答えは、否。私は決して何も隠したりしていない。インチキな販売員が長年垂れ流している山のような嘘のセールス文句に抗って、正直者であろうとしているだけである。ハッシュタグから運動は始まらない。組織化《オーガナイジング》こそが運動を持続させる。組織化から運動につながった経験を語れない人はオーガナイザーとは呼べないし、おそらくその運動にはそもそもあまり関与しなかったのだろうと思われる。

運動とは、分断された人たちが、どのように連帯できるかという物語なのだ。

本書の冒頭では、私の生い立ち、私や私の周囲に影響を与えた出来事や人について述べている。私の理解では、運動は先人たちが「時」・「場所」・「条件」と呼ぶ一定の諸条件で生じる。その時代の政治的・物理的・社会的・経済的環境、規範や習慣によって、それに抵抗する運動の内容や性格が決まる。運動における私たち一人ひとりの立場や役割を理解するためには、まず自分自身を歴史的文脈の中に理にかなった形で位置づける必要がある。そのため、本書の冒頭部では私が社会運動の一端を担うようになった経過を説明した。

この物語を語ることは、私たちがどのようにして今にいたったかを解明することでもある。続いての章では、保守派の台頭について解説した。なぜ今アメリカで政治的対立が起こっているのかについて、読者の理解に役立ててもらいたい。どんな物語にも主役と敵役、ヒーローと悪者がつきものだ。しかし、この対立構図を使って現在のアメリカを語ると、運動がどうやって成功または失敗したかという参考になる話、つまり戦略論や制度論につながらない。むしろ、善人と悪人の物語に単純化されてしまう。警察が黒人コミュニティに対して暴力をふるうのは、全国の警察部隊に善人と悪人がいるからではなく、今の警察システムが暴力を不可避とする制度として作られているからだ。ドナルド・

トランプが善人であるか悪人であるかは、彼が権力的地位にある理由とは何の関係もない。善人でありながら、制度の中で与えられた役割を全うするために、ひどいことをする人間はいくらでもいる。しかし、非難すべき悪行に手を染める人間が、いかにして私たちを統治する権力を獲得したのかという話は、裏を返せば、保守派がいかに強力な運動を展開し、私たちが生きる今のような社会に作り変えてしまったかという話でもあるのだ。

また本書では、ブラック・ライブズ・マターの発祥と、そのほぼ1年後の２０１４年夏に起こったミズーリ州ファーガソンでの蜂起について解説している。ここでは、私の成長過程や組織化の経験を通じて、分断された社会を再びどのように連帯させるかについての考えを述べた。しかしこれは断定的な話ではないし、結論でもないと指摘しておく。

つい最近、ブラック・フューチャーズ・ラボ（Black Futures Lab）のスタッフと合宿をした。この組織は、２０１８年、黒人コミュニティの存在を政治に反映するために立ち上げた。合宿では、コミュニケーションの断絶について話し合った。断絶にいたった根本の原因がわかれば、表向きには二度と同じ過ちを繰り返さなくて済む。その議論の中ではファシリテーターが話を遮り、こう問いかけた。「子どものころ母と口論になると、必ず『二人の間で起こったことは、半分はあなたの責任、半分は私の責任だ』と言われた。皆さんにも同じように考えてもらいたい。起こったことに対する責任の半分は自分、もう半分は相手の責任だとしたら、ストーリーもずいぶん変わるんじゃないだろうか」

この考え方は有効だと思ったので、本書でも取り入れてみた。できる限り自分の視点から語るように努力した。私の関わったことについて書き、私自身の経験と伝聞とを区別した。私にはファーガソンのすべてを語ることはできないし、そうするつもりもない。ここで語っているのは、私個人の経験であり、今の私という人間を形作っている経験である。

私には、自分が直接知っていること以外を話すことができない。ファーガソンで何が起きたのか、ブラック・ライブズ・マターの運動を始めた活動家は誰かなど、世間にはたくさんの説がある。パトリスとオパールと私の3人が、運動を軌道に乗せたことは断言できるが、この運動には多くのリーダーが存在し、中には突出して有名になった者もいる。ここで正直に伝えたいのは、私も含め運動に関わった人間を（私にも相手にも半分ずつ責任があるという思考法を覚えているだろう）有名な活動家に作り上げてしまうと、旧態依然の枠組みがますます強固なものになり、成功している運動が台無しになってしまうということだ。本書では、活動家のセレブ化という現象や、その影響について率直に語った。一例としてディレイ・マッケソンを取り上げたが、決して彼だけではなく、名声の価値を歪めてしまう人は他にもいる。私たちの文化は、中身よりも見た目を重視する。このことは、ドナルド・トランプの選挙でも証明された。私たちの運動はそうなってはいけない。

著名な活動家の出現は重要である。どうやって変革が起こるかを理解するために重要であり、何を求めて闘っているのか（活動家になるのは、インフルエンサーとして個人の知名度を上げたいからなのか、それとも変革を起こすためなのか）を理解するために重要である。さらに自分たちが目指す世界を築くために重要なのだ。ハッシュタグから運動を起こすことができるのであれば、そのハッシュタグの裏に何があるのか、そしてそのハッシュタグが使われているプラットフォームの何たるかを理解する必要がある。それはつまり、企業の支配が急速に集中し、「政府vs市民社会」、あるいは「民主主義vs

経済」の力関係が変わりつつあるということだ。

　これは昔から続いてきた課題であり論争でもある。１９６０年代の学生非暴力調整委員会（ＳＮＣＣ）[※]内にあった意見の対立や、エラ・ベイカー[※※]らとマーティン・ルーサー・キング牧師[※※※]との対立などにも見られる。しかし、だからといって、そのような葛藤を乗り越えられないわけではない。同じ過ちをいつまでも繰り返し同じ結果を生むだけだと幻滅するのではなく、新たな過ちを経験し、新たな教訓を学ぶにはどうすればいいのか――そう問うべきなのだ。

　本書の終章では、新たな過ちをおかすことが重要だという点に着目した。そこでは、地球の核心を揺るがすような運動――誰にも邪魔されないほど強固な運動――を想像してみた。それは多数の運動がうまく調和したムーブメント、これまで到達したことがない地点に導いてくれるムーブメントだ。

　私たちは今どこにいて、ともにどうやってここにたどり着き、これからともにどこへ向かうべきか、そしてこれから向かう先にはどんな困難があるか――本書が、これまでとは違った視点に私たちを導

※　Student Nonviolent Coordinating Committee　１９６０年、反戦・反差別を掲げて結成された黒人学生主体の公民権運動組織

※※　１９０３年生まれ。１９３０年代からニューヨークで草の根の労働運動に携わる。公民権運動のきっかけの一つとなったモンゴメリー・バスボイコットで地域住民の組織化を担った。１９６０年に学生たちによる座り込みを組織し、後に学生非暴力調整委員会の設立、フリーダムライドの組織化に関与した。

※※※　１９２９年生まれ。１９５４年にアラバマ州モンゴメリーの聖バプテスト教会の牧師となる。１９６３年、奴隷解放宣言１００年を機にワシントン大行進を組織し、「私には夢がある」という有名な演説を行った。１９６４年、公民権法が成立。１９６８年に暗殺された。

いてくれることを願う。本書によって、深く深く分断されてしまった私たちにも、再び連帯する力があるのだと信じられるようになることを願う。

母にとって、そして私にとってもだが、重要なのは母がフェミニストであるかどうかではなく、彼女が家族の世話をし、同時に世話をしてもらえるかなのである。母の時代の女性の役割は、子どもを育て、家庭を守り、男たちの暮らしを楽にすることだった。しかし、母は一生をかけてそのような役割に公然にも非公然にも抵抗してきた。母は18歳のとき、映画の撮影監督の秘書になるためニューヨークに行き、２年間一人で暮らした。軍隊に入隊したときは、男ばかりの小隊で唯一の女性だったが、女性向けに用意された役割を拒否した。カリフォルニアの刑務所で働いていたときは、既婚の上司から性的に言い寄られたが、突っぱねた。そして私を妊娠中、結婚するだろうと思っていた相手が他の女性と付き合い始めたとき、母はこれからどう自分と娘の面倒をみるのかを考えなければならなかった。彼女のフェミニズム、つまり母の政治的信念は、どんな手段を使ってでも生き延びる闘い、に尽きる。

幼いころの記憶の一つに、母が貼ったポスターにまつわるものがある。叔父と暮らしていたアパートの部屋に貼られていたそのポスターには、母にそっくりな美しい黒人女性が描かれていた。あまりに似ていたので、「この絵の女の人、ほんとにマミーじゃないの？」と幾度となく尋ねたものだ。金色のスカーフを頭に巻いたその女性は、「死ぬことを考えた黒人の少女のために」※と書かれた文字の横で、遠くを見つめていた。

私は当時この有名な舞踏詩について何も知らなかったが、それでも、黒人は性的対象であると同時

※　“For Colored Girls Who Have Considered Suicide”　１９７６年初演のヌトザケ・シャンゲによる舞台作品。

に憎悪の対象となる社会で、黒人女性の経験が固有なものであることを、今と同様に感じ取っていた。当時の私は、ポスターの女性の目に悲しみを読み取っていた。それは、私の母の目の悲しみと似ていたからだろう。

母が口癖のように言う言葉の中で、いちばんのお気に入りは「赤ちゃんはセックスでできる」だった。母が性の話をよくするのは、黒人の娘が生きていく上で重要なことだった。母は「オシベとメシベ」や「アソコ」といった曖昧な表現は一切使わず、子どもを授かりたい家庭にコウノトリが赤ちゃんを運んでくる、といった話もしなかった。台所に腰掛けている私に、母はハチドリのようにブンブンと深夜までしゃべり続けたものだ。「白人はなんでもきれいごとでごまかすところがムカつく」、「コウノトリじゃない、セックスなんだよ。赤ちゃんはセックスでできるの。そして赤ちゃんは金がかかるんだ」と。

台所に座っている私と、翌日の支度をしながらブンブンと喋り続ける母。深い話ができる二人の時間だった。「同意」についてもよく話してくれた。母は、たとえ家族であっても、自分が望まないなら、ハグやキスをする必要はないと言った。そして、もし私が誰かに望まない形で身体に触れられたら、必ず母か他の大人に話すようにと念を押した。母は私が誰かに襲われそうになったときにどう反撃するか、手本を示しながら台所で特訓してくれた。

「じゃあ、もう一度復習しよう。相手がいきなり後ろから首を絞めてきたらどうする？」と母が聞く。私は「かかとを相手のすねに思いっきり振り下ろし、足を踏みつけて全力で走り去る」と律義に答える。「正解、よくできたね、ベイビーガール。タマを蹴ろうとしないこと。そこは相手が予測し

会的・経済的に保守的な政策（例えば、商取引に関する政府規制の緩和・撤廃）を支持していると見られている。しかし歴史を見れば、この区分は実は固定的ではなく、何度か両党の立場が完全に入れ替わってきたことがわかる。特に南北戦争やその後の復興運動※（Black Reconstruction）が起きた1860年代には、共和党は社会的に進歩的な政党であり、民主党は保守的な政党だった。このように政治的に重大な出来事によって党のイデオロギーが劇的に転換するといったことが度々起こり、それはたいていの場合、人種と関連していた。

今日の保守派運動のルーツをたどると、1960年代と70年代の社会的、政治的、経済的な大変動が根底にあることがわかる。当時の保守派の哲学者、慈善活動家、政治家など影響力のある人々の間で始まった交流が、後にアメリカ史上でもっとも影響力のある運動をもたらしたのである。

保守主義は第二次世界大戦後は不人気だった。なぜなら、1930年代に壊滅的な大恐慌を経験した後、国民はニューディール政策と第二次世界大戦での連合軍の勝利が空前の好景気をもたらした、という共通認識をもっていたからだ。福祉国家の拡大が個人の自由を脅かすと主張した保守派は、非合理的で偏執的だと見られ、社会の必然的な変化を受け入れられずに怒りを感じている人たちだと捉えられていた。

※　1861〜1865年の南北戦争後の時期を再建期（Reconstruction）と呼んでいるが、この時期を黒人側の視点から捉えた名称が復興運動（Black Reconstruction）である。NAACPの創立メンバーでもある黒人歴史学者W・E・B・デュボイスが1935年に発表した著書*Black Reconstruction in America*で用いた。

　このように相手にされない間に、保守派が粛々と帝国を築くために奔走していることは見過ごされた。だが、保守派の運動は確実に成長していったのである。保守思想家のウィリアム・F・バックリー・ジュニアは、保守派の思想が国内メディアからしかるべき注目を得られていないと感じ、雑誌『ナショナル・レビュー』を1955年に創刊した。1960年には、バリー・ゴールドウォーター上院議員が *The Conscience of a Conservative*（『保守派の良心』）という歴史の分岐点となる本を出版し、350万部以上を売り上げた（実際にこの本を執筆したのはバックリーの義兄ブレント・ボーゼルというゴーストライターだった）。ゴールドウォーターは1964年にリンドン・B・ジョンソンに対抗して大統領選に出馬し、大敗したものの、保守派勢力は権力争いに傾倒していった。

　そして、保守派は勝利も収めた。1966年、ゴールドウォーター上院議員の熱烈な支持者で公職未経験のロナルド・レーガンがカリフォルニア州知事選に出馬し、100万票の差で民主党の現職を破ったのである。1970年代初頭には、二つの保守派運動の潮流が生まれた。一つは、新右派《ニューライト》（キリスト教または宗教的右派を含む）で、もう一つは新保守派《ネオコン》であった。

　この時期の右派の成長を理解する上で重要なのは、彼らは問題意識や視点も異なるし、長期的・短期的な展望も違い、イデオロギーも一致しない、ばらばらな潮流の連合体であったにもかかわらず、「権力を確立し維持する」という最終ゴールのもとに、一致できるところでは共闘したことである。これが、右派が成功し存続するための鍵となっている。

　新右派は、共和党がリベラル派に乗っ取られそうになったことへの反動で生まれ、新保守派は民主党がリベラル派に乗っ取られたことへの反動で生まれた。しかし新右派と新保守派は、決して自然に結びつくような同盟関係ではなかった。新右派は政府に対して懐疑的で、政治機構論を好んでいるのに対し、新保守派は政府の存在を歓迎し、政治より公共政策に関心があった。両者を共闘させたものは、共産主義とリベラル派への嫌悪だった。新保守派はこの点では攻撃の先頭に立ち、特に1970年代の反人種差別主義や反戦運動に象徴される反体制運動に抵抗した。

新右派は、その影響力を南部の人種差別主義者や経済エリートの基盤にとどめず、社会の各分野に広げるために、より広いネットワークを築こうとしていた。そして、この戦略の基礎的な役割を担ったのが、宗教的右派とも呼ばれるキリスト教右派である。1973年に新右派の思想を広めるために設立されたヘリテージ財団は、この拡大計画の一翼を担った。ヘリテージ財団設立のブレインであるポール・ウェイリッチは、同年の米国立法交流評議会（ALEC）設立の立役者でもある。ALECは当初、中絶や男女平等憲法修正案※などに関する新しい法案の作成に焦点を当て、宗教的右派に属する議員との協働を目指していたが、徐々に企業にとって魅力的に映り出した。1979年にウェイリッチは「モラル・マジョリティ」（道徳的多数派）という言葉をつくり、その名を冠した組織を作った。モラル・マジョリティは、保守的な政治目標を達成するために、保守派のキリスト教諸派のペンテコステ派やキリスト教原理主義、カリスマ派に属するメンバーに働きかけ、彼らを動員することに成功した。こうした人々は、かつては比較的政治活動に関心の低い有権者層であった。

※　1972年に上下両院を通過し、発議当時は成立は確実と思われたが、保守派の抵抗を受け、発効期限までに必要な数の州の批准が得られず1982年に廃案となった。

これらの新しい政治勢力は、共和党を大きく塗り替えた。この段階で多くの人々は、自分の信仰が日常生活の中に政治を織り込み、一つの政治勢力として政治過程を支配したと思うにいたった。１９８０年は、宗教的右派にとって転機となった。この年には宗教的右派によって２００万人以上の有権者が共和党員として登録され、アメリカ上院でもっともリベラルな民主党現職議員５人を落選させることに成功した。その結果、レーガンが当時の現職大統領ジミー・カーターの再選を阻み、勝利した。１９８１年のレーガンの大統領就任は、「小さな政府」「公民権や人権に関する州権限の拡大」「共産主義の完全なる撲滅」という目標で団結した統一戦線の台頭を象徴した。レーガンが当選したのは、ほとんど新右派とキリスト教右派の後ろ盾のおかげだった。

宗教的右派の戦略が成功した要因として、活動家組織のインフラ整備が挙げられる。これによって、より多くの人々への働きかけが可能となり、アメリカ政治に全面的に影響を与えることができるようになったのだ。活動家組織の一つに「コンサーンド・ウィメン・フォー・アメリカ（アメリカを憂慮する女性の会）」がある。１９７９年に設立されたこの組織は、会員50万人をもち、「祈りと行動」と呼ばれる宗教的集会を含む運動を通じて、男女平等憲法修正案の打倒に大きく貢献した。この他にも、ジェームズ・ドブソン〔キリスト教右派の指導者〕の１９７７年のラジオ番組「フォーカス・オン・ザ・ファミリー」、１９８３年にラジオ番組の政治的ロビー活動部門として設立された「家族調査評議会（Family Research Council）」、１９８１年に設立された右派指導者の包括的組織「国家政策評議会（Council for National Policy）」などがある。国家政策評議会は、右派指導者の戦略構築や意見交換、訴訟や候補者擁立のための資金集めを行って目標の実現を目指している。右派のもう一つの戦略は、地方や州の共和党組織を乗っ取ることだった。その影響力で最終的には全米の共和党を支配しようとしたのである。

宗教的右派がより広域で地理的に分散した有権者層をうまく獲得したことで、新保守派と新右派は、共和党を完全に掌握することになった。ただしこの二潮流は、長期的な目標、手段、展望、価値観、イデオロギーの点で多くの相違点があった。共和党を支持する実業界は、規制緩和、労働組合潰し、強固な軍産複合体を望んでいたが、新保守派は、共産主義を打倒し、アメリカの軍事的覇権と世界中の資源に対するアメリカの支配力の確立を求めていた。社会保守主義者は、公民権運動によって獲得された権利を後退させ、政府に宗教的な基盤と論理を確立したいと望んでいた。このような違いがあるにもかかわらず、利益が一致しているところでは、彼らは強力だった。つまり、共通の目標を達成するために、違いを乗り越えることができたのだ。彼らがアメリカの政治状況を変える運動を始め、継続することができた理由として、メッセージの説得力・訴求力、既存の社会的ネットワークを政治的な集票組織へ転換できたこと、社会のあらゆる分野に彼らの方針が届くように設計された幅広い情報ネットワークの存在が挙げられる。

また、彼らの運動に欠かせない秘密の原動力は、人種なのである。

「レーガン革命」の下で

私は、１９８１年１月に生まれた。その２週間後、ロナルド・レーガンが第40代大統領に就任した。

レーガンの在任中、金持ちはより金持ちになり、貧乏人は悪人として非難の対象となった。レーガンの悪名高きスローガン「政府は問題の解決策ではなく、政府こそが問題である」は、今や主流となった保守運動の中心的な信条であった。民主党と共和党、両党の有権者から「偉大なコミュニケーター」と呼ばれて高い人気を誇ったレーガンだったが、彼の弁舌でもっとも讃えるべきは、婉曲表現の才能だったかもしれない。レーガンは、イアン・ヘイニー・ロペス〔カリフォルニア大学の法律学者〕が「犬笛人種差別主義※」と名付けた現象を、初めてではなかったものの、おそらくもっとも巧妙に展開した政治家だった。レーガンは人種という単語を一切発せずに人種についてほのめかすことにより、何百万人もの有権者に自分たちの経済的利益に反した投票をさせたのだ。俳優としての長年のキャリアを生かして、レーガンはカリスマ的なリーダーとなっていた。彼は黒人社会、貧困層、そして政府を標的とし、攻撃することでキャリア史上最高の演技力《パフォーマンス》を発揮したのだ。

　労働者階級の白人男性は、レーガン政権下でアメリカが好景気と経済的流動性〔社会階層間の流動性〕の時代を経験した後に、なぜ自分たちの賃金が低下しているのか、という問いの答えを見出した。それは、女性や非白人を支援するプログラムのために政府が無駄な支出を増やしたせいだ、というものだ。公民権運動、ブラック・パワー運動※※、ベトナム反戦運動や世界中の社会運動の支援などを通じて、この国は一時は革命前夜のように思われた。しかし、レーガン政権下のアメリカは、人種、ジェンダー、階級によって分断され、後退させられてしまったのだ。そのせいで、黒人社会や公民権に対する反感が新たに高まり、福祉制度の拡大や連邦政府による公民権法の執行に対する妨害が、露骨に行われたのである。

の崩壊、人種的公正のための闘争などについて初めて知るきっかけを与えてくれた。私のベビーシッター代わりで、母が仕事をしている間、私の面倒をみてくれていた。

ＭＴＶを観ることで、アメリカ国内外で起きている問題についての私の意識は高まった。ベルリンの壁の崩壊については、ジーザス・ジョーンズの「Right Here, Right Now」というミュージック・ビデオから学んだ。私はＭＴＶを通してアフリカの飢饉について知り、また、アフリカは国ではなく大陸であることを知った。それは、１９８５年に私の好きなアーティストたちがエチオピアやスーダンの飢饉を訴え、募金のために「We Are the World」を歌ったからだ。こうした様々な出来事について、私は母に、なぜベルリンに壁が建てられたのか、なぜアフリカの人々は飢餓で亡くなっているのか、など質問攻めにしていた。母の答えはたいてい、「調べてごらん、ベイビーガール」だった。そこで私は自力で調べた。インターネットではなく当時もっていた百科事典で。この百科事典は1巻か2巻欠けていたが、答えが見つけられなくても、ＭＴＶニュースを観れば必ず百科事典よりも深く学ぶことができた。

エイズやＨＩＶについて私の意識を高めてくれたのもＭＴＶであった。１９８４年に13歳で輸血後にエイズと診断され、１９９０年に死亡したライアン・ホワイトについてＭＴＶで報道されたことがきっかけだった。当時のアメリカではエイズやＨＩＶに関する情報が伝えられず、政府も動かなかった。そのため、この病気はひどく誤解されていた。ライアンはＨＩＶに感染したことでいじめられ、学校にも行けずに、公共の場では避けられて孤立していた。

レーガンがこの種の差別を黙認していたことは、何百万人もの人々がエイズやＨＩＶで不必要に死ぬだけでなく、多くの人々が家族や愛する人の支えもなく孤独に死んでいったことを意味していた。なぜなら、ライアンのケースでも報道されていたが、エイズやＨＩＶは同じコップから飲み物を飲んだり同じ部屋にいたりすることでは感染しないのに、そのように誤解されていたからだ。そこでＭＴＶは番組を通してこの病気に関する人々の意識や関心を高め、エイズやＨＩＶとともに生きる人々への支援を呼びかけ、予防についての誤解を正していた。また著名人を起用して、支援を促していた。

私は多くの人たちが、エイズやＨＩＶは、アフリカの貧しい人かゲイの男性しか感染しない病気だと話していたことを覚えている。このように、同情的でない人たちの関心や共感を得るために、ライアンという子どもの死を取り上げる必要があったのは残念だが、私にとっては当時の政治活動を考える重要な機会となった。例えば１９８７年に結成されたＡＣＴ ＵＰ（AIDS Coalition to Unleash Power　エイズ解放連合）は、エイズ危機にこれ以上沈黙してはいられないと、直接行動や戦闘的な支援活動を複合的に織り交ぜた戦術を用いて、アメリカに広がる危機に注目を集めた。例えば、１９８９年にニューヨーク証券取引所で、５人の活動家がＶＩＰ席のバルコニーに自身の体を鎖で縛りつけ、エイズ治療薬として唯一認可されているＡＺＴの製造元バローズ・ウェルカム社に対して薬価の値下げを求めた。数日後、同社は薬価を20パーセント引き下げた。

深刻化するエイズ危機に対し、国が非情なほど消極的な姿勢をとった一因には、保守派運動が１９６０年代と70年代のカウンター・カルチャー（反体制文化）革命を拒否し、「ファミリー・バリュー（家族重視の価値観）」を支持したこともあった。アメリカ社会がこの保守的なキリスト教の世界観へと傾倒する中、誰の道徳の定義が優位となるかを巡る一連の論争に注目が集まった。この時代に道徳観を巡って論戦を挑んだ人物としては、マドンナ・ルイーズ・チッチコーネの右に出るものはいないと思う。

マドンナは、プリンス、マイケル・ジャクソンやホイットニー・ヒューストンと並んで、私が幼かった１９８０年代に好きだった歌手の一人だった。マドンナは自身の知名度を使い、性別、ジェンダーやセクシュアリティに関する伝統的な規範に、表層的かつ本質的なやり方で抵抗していた。彼女の最初の映画出演作である『マドンナのスーザンを探して』（１９８５年）は、郊外の生活に退屈する主婦と自由奔放な流れ者《ボヘミアン・ドリフター》との関係を描いたもので、社会的な規範に囚われ、自由を求める女性の姿を描いていた。

マドンナの「ライク・ア・プレイヤー」のミュージック・ビデオは、ＭＴＶで何千回も観るほど私の心を揺さぶった。このビデオの物語はこうだ。白人至上主義者の白人男性たちが白人女性を殺害し、黒人男性にその罪を着せようとしたところをマドンナが目撃するが、それを真犯人の白人男性に気づかれてしまう。教会に逃げ込んだところを、かくまわれ、自分が見たことを話す勇気を得ようとする。彼女がビデオの中でカトリックの偶像や十字架を用いたことで、バチカンから批判されたこともあった。だが、私のような子どもにとってマドンナは、息苦しく殺人的な家父長制に対して闘うために芸術を用いた強力なスターだったのだ。

母とマドンナのおかげで、私は自分自身をより明確に見つめられるようになった。私は、自分の行動や将来や考え方について、男性から指示されるような存在ではなく、自立した女性になるのだ、と考えるようになった。

闘いは、もちろんミュージック・ビデオをめぐるものだけではなかった。レーガンは「20世紀でもっとも女性差別的な大統領」と呼ばれ、特に貧困層や非白人の女性に対する攻撃を支持していた。中でも、女性に平等権を保障する男女平等憲法修正案には断固反対していたので、大統領に選ばれたその年に、この憲法修正案を共和党の綱領から削除する徹底ぶりだった。同時に彼は、中絶や避妊まで禁止する人間の生命に関する憲法修正案の支持者でもあった。彼は、ジョージ・W・ブッシュ時代の「グローバル・ギャグ・ルール」※の初期の推進者であり、「中絶」という言葉が入っているだけで家族計画団体への国際的な資金提供を制限していた。レーガンが追求する反女性政策の中には、ジェンダー差別を監視する機関に対しての予算削減も含まれていた。そのため、賃金格差、賃金差別、セクシュアルハラスメントなどの申し立てはほとんど調査されず、訴訟や示談に成功することはほとんどなかった。これはレーガンが、政府は「解決策ではなく、それ自体が問題だ」と語り、女性が尊厳のある生活を送る権利を守るための介入を積極的にしない政策をとった帰結である。性差別は、シスジェンダーの女性〔生物学上の性と性自認とが一致している女性〕だけに影響を与えたのではない。トランスジェンダー女性やジェンダー・ノンコンフォーミング〔既存の性別にあてはまらない人〕には、政府から口先だけの言葉すらなかった。

レーガンはクラレンス・トーマスを、雇用機会均等委員会のトップに任命した。この委員会は、公民権法により人種、肌の色、国籍、宗教、性別、年齢、障害、性自認、遺伝情報、犯罪や差別的慣行の通報に対する報復などにもとづいた差別を防止するための政策を担当していた。しかしトーマスは保守派の黒人で、他の人権保護機関のトップに任命された人と異なるわけではなく、差別の存在そのものに懐疑的だったため、彼が差別に反対して人権を保護する可能性は低かった。

差別に対する監視や法の執行を拒否されることは、母のような大人の女性にとっても、私のような将来大人の女性になる少女にとっても重大なことだった。民間企業で働く女性だけでなく、政府職員や公務員として働く女性も危険にさらされていることを意味していた。母もその一人だった。

母はカリフォルニア州の刑務所で、刑務官として3年以上働いた。母はそこで、同じく刑務官だった私の実父と出会ったのである。刑務官としての月給は、秘書、営業、その他の事務的な仕事に比べて2倍以上だった。この仕事は母が望んだ「男並みに」給与が支払われる仕事だった。しかし母は職場では数少ない黒人の一人であり、さらに数少ない黒人女性であったため、置かれている状況は特に危険なものだった。

母は、自分の担当するユニットで起きた暴動のことをよく覚えている。母と同僚が対応するために現場に出向くと、仲間たちが銃の弾を抜かれて閉じ込められていた。母が言うには、上司たちはあえて危険な状況をつくり、人員補充のための予算を獲得しようとしたという。これらの予算は、レーガンの「小さな政府」政策によって削減されていたからだ。この仕事はそれまででいちばん給与は高かったものの、とても危険で、母は仕事中に事故に遭い、他の仕事を探さざるを得なくなった。

さらに母は、上司という立場を利用した男性の誘いに対しても、弱い立場に置かれていた。ある日、

※　米国の資金援助を受ける国外のNGOなどに対して、中絶や中絶を選択肢として提示すること等を禁じる大統領の行政命令の通称。

上司の一人に刑務所内の放送で呼びつけられ、オフィスに行くと、彼が性的な行為をほのめかしたり、言い寄ってきたりしたという。もちろん、その上司は既婚者だった。母は私に、これはとても危険な状況だ、と話した。なぜなら、母が上司から特別な扱いを受けていると周りから勘違いされかねないし、上司のオフィスにいるだけでも、特別な扱いを受けようとしていると、他の刑務官に受け取られかねないからだ。女性であることがただでさえ重荷となっている職場で、母はさらに危険な状況に追い込まれていた。私は、母が身を守るために何をしたのか尋ねた。

「二度目にその人に呼ばれたとき、彼のオフィスに行ってね」と母は続けた。「そいつの頭のてっぺんからつま先まで罵倒して、私が彼に何の関心も抱いてないどころか、奥さんと私の二人を養うことは不可能だと伝えたの。彼の奥さんはお金のかかる人だと知っていたから、女性をもう一人養うことはできないとわかっていた。無謀な夢を追うためにオフィスに呼びつけるのはやめてほしい、ありえないんだから、と言ってやった」

「うまくいったの？」と私は母に聞いた。

「うまくいったよ」と母は答えた。「私が彼の奥さんにすべてを話すのではないかと思って怖くなったんだと思う。その後は放っておいてくれた」

母のような経験は珍しいことではなかった。レーガンの在任中、性差別の訴えは25パーセント増加したが、調査を担当する機関はひどい資金不足で、またそうした機関のトップたちは加害者側と同じ思考だったため、加害者を擁護していた。

そのため刑務官であった母ですら、自分の仕事を通して支えている司法制度からの支援を得られなかった。父との関係が終わって、彼から養育費をもらおうとした際に、適切な支援が得られなかったのだ。特に黒人のシングルマザーは、レーガンによって「ウェルフェア・クイーン」というレッテルを貼られ貶められていたため、厳しい状況にあった。和解が成立する前、裁判官が養育費として月100ドルを支払うよう提示したそうだが、母はこう答えた。「月100ドルでは犬小屋で犬を飼うこともできないし、ましてやそれで子どもを育てるなんてできやしない！」

　この言葉は、保守主義の台頭とレーガン革命を何よりもうまく表現していると思う。

麻薬戦争

　1990年代は、私にとっては自分の政治観を形成し社会経験を積んだ時期であったが、今日、全米の黒人コミュニティに見られる運動の基盤が作られた時期でもあった。私は、ジェネレーションXでもミレニアルでもないはざまの世代である。私たちを「ゼニアルズ」（Xennials）と呼ぶ人もいるが、これは1970年代後半から1980年代半ばまでに生まれ、アナログな子ども時代とデジタルな大人時代を経験した世代を指している。

　90年代は、インターネットが登場し世界をデジタルでつないだ時代だったが、好ましくない変化もあった。この10年間で黒人コミュニティが取り締まりと収監の対象とされる新しい体制も始まったのだ。この国では黒人社会は常に取り締まりと監視の対象となってきたが、取り締まりと拘束の方法は10年ごとに洗練されていった。その中で黒人コミュニティのあり方も、闘い方も、常に変化している。

戦術も、狙いも、私たちを脅かすものも、1960年代後半から70年代初頭のブラック・パワー運動から、80年代の黒人同化政策、そして90年代の黒人消滅プログラムにいたるまで、常に変化してきた。

1980年代に入るころには、「麻薬戦争」は、60年代後半のリンドン・B・ジョンソン大統領が実施した「貧困との戦い」政策への対抗策になっていた。70年代に政府は薬物犯罪の取り締まりを強化するための予算を増やした。レーガンはこの路線を引き継ぎ、80年代に「麻薬戦争」のために、20億ドル近くをつぎ込んだ。

90年代に入ると、各州が薬物使用・所持・販売に対してより厳しい罰則を科すようになり、ニューヨークでは「ストップ&フリスク」※、カリフォルニアでは「スリー・ストライク」※※と呼ばれる政策を実施した。

「麻薬戦争」は、黒人コミュニティに壊滅的な打撃を与えた。違法薬物の使用率は、黒人コミュニティと白人コミュニティとはほぼ同じであるにもかかわらず、薬物使用は黒人コミュニティの代名詞となった。貧困に苦しむ黒人にとって「麻薬戦争」は、黒人コミュニティと黒人家庭に対して仕掛けられたも同然だった。

私は黒人の多い貧しい地域で育ったわけではないが、麻薬戦争の影響を受けなかったわけではない。1980年代後半、母は私の義父にあたる白人のユダヤ系男性と結婚した。彼はサンフランシスコに曾祖父の代から住んでいた人で、私が4歳のころから家族のように付き合っていた。二人が結婚した当時、私は8歳で、その1、2年前に引っ越したばかりの家の庭で式を挙げ、結婚した年に弟のジョーイが生まれた。

私が4、5歳になるまでは、母と私は母の双子の弟と、カリフォルニア州サン・ラファエルのカナル地区にベッドルームが二つあるアパートで暮らしていた。当時住んでいたカナル地区は労働者階級と中流階級の家族が住むエリアで、人種的構成は大部分が黒人とラティーノであった。その後、母と義父が一緒に暮らすために引っ越したのが、サン・ラファエルのリンカーン通り近く、国道101号線に隣接するアパートで、黒人、ラティーノ、白人など多人種で労働者階級の家庭が多い地区だった。そして私が7歳になったころ、ガーストル公園近くの一戸建てに引っ越した。近所に住んでいるのは中流から中流の上の方の家庭で、もはや黒人やラティーノが多数派ではなかった。私が7年生になったとき、サンフランシスコからゴールデン・ゲート・ブリッジを挟んで反対側のカリフォルニア州ティブロンに引っ越した。そこは、圧倒的に白人が多い裕福な地域だった。

1990年代当時、圧倒的に白人の多い地域で暮らす黒人であるということは、保守政権によって広められた黒人に対するステレオタイプ※※※の対象となることを意味していた。そのころ保守政権を率いていたのは、レーガンと同じ共和党のジョージ・H・W・ブッシュで、私の弟が生まれ両親が結婚した1989年から1993年まで政権の座にあった。

当時の私にとって、住む場所を選べないことは、気の重いことだった。自分が黒人であることが嫌

※　警察官が路上で通行人を呼び止めて、服の上から身体をはたいて所持品検査をすること
※※　重罪の前科が二つ以上ある者が再犯を犯した場合に、犯罪の内容を問わず終身刑とする立法
※※※　ある社会集団に属するメンバーがもつ性格特性、身体的な特徴、行動傾向などについて人々が抱く信念。例えば、「黒人は麻薬の売人だ」「黒人は運動神経がいい」といった固定観念。

なのではなく、白人の中であまりにも目立つことが嫌だったのだ。当時の私は、引っ越してきたばかりの新入りで、同級生よりも貧しく、黒人である上、思春期の真っ只中というなかなかの組み合わせだったと今さらながら思う。白人の同級生たちの多くは裕福な家庭の子で、いわゆるギャングスタ・ラッパー〔暴力的な日常を表現するラップミュージシャン〕にあこがれ、貧しい黒人の虚無的なライフスタイルをカッコいいと思って真似していた。金髪の髪を平つばのキャップからはみ出させ、ブカブカの服を着てずり下ろして履いたズボンからは高価な下着が見えていた。彼らにとっての黒人文化とは、反抗的でエッジの効いた荒々しいものであり、彼らが生きてきた生活とは真逆のものだった。

私はすべての黒人と同じステレオタイプにさらされていたわけだが、特に白人だらけの中でたった一人の黒人として、黒人であることを常に意識せざるを得なかった。他の黒人の子どもたちと同じように、白人より2倍良い人になるために2倍の努力をしなさい、白人はあなたを実際の半分以下としか評価しないのだからと言われて育った。また黒人の女の子として、決して油断してはならない、いつも母親が見ているかのように振る舞いなさいと言われ続けた。

しかし、どれだけこうした言いつけを守っても、避けることのできない差別が待っていた。私は常に白人の教師からクラスメイトの半分以下の能力だと思われ、やってもいない罪を疑われていた。

ある日、私が学校から帰ってくると、両親が激怒していた。中学校から電話があり、私が放課後にトイレでマリファナを吸っていると通報があったと言われたという。私はマリファナなんて一度も吸ったことはないし、ましてや全校で10人しかいない黒人生徒の一人である私が、特に厳しく監視されるに決まっている学校のトイレでそんなことをするわけがなかった。私は両親にマリファナは全く吸ったことがないことを説明し、両親は、私の顔や目や手にマリファナの匂いがしないか確認した。不思議なことに、このことは二度と話題に上らなかったが、私は決して忘れることはなかった。白人の同級生たちはオペア〔家事や子どもの世話をするホームステイの留学生〕や住み込みのナニー〔子どもの世話をする人〕の目を盗んでセックスをしたり、夜中にこっそり家を出て遊びに行ったり、贅沢な大邸宅で1リットルも酒を飲んでいたのに、私は一度もBマイナスという成績すら取ったことがないのに、麻薬をやっているという疑惑をかけられるのだ。

母が教えてくれたこと

ティーンエイジャーだったころ、私も他の若者がするように「きわどい」ことを試そうとしたが、激しい抵抗に遭った。ご存知のとおり、私には黒人の母がいる――わかる人にはその意味がわかるはずだ。父は母と比べてしつけに関しては緩い方だった。というのも、父自身が子どものころに問題児だったので、ルールについてはむしろ反対していたようだった。父は親というよりも、私とは友達として接したいと思っているようだった。

一方、母はいつも私に、「あなたの友達の一人」なんかではないとはっきりと言い、それだけでなく、私が友達と同じように危ない橋を渡ったとしても、私には違う結果が待っていると釘を刺された。興味深いことだが、母は十代の娘を育てるのに、手の込んだ方法をとった。十代の子どもの多くが両親の目を盗んで、それも公共の場でよくやるようなことを、私には家の中でするよう求めた。私がタバコを吸い始めたとき、母は学校ではなく、家で吸うようにと諭した。そうすれば、私がタバコを吸っている姿を誰に見られたか、見られていないかを母自身がコントロールできるからだった。父はマリファナを習慣的に吸っており、私自身両親と一緒にマリファナを吸うことは、ずっとずっと後のことでしかなかったが、とにかく公共の場でマリファナを吸っているところは絶対に見られてはいけない、ということは共通の理解だった。

地元のドラッグストアで私が万引きをしたときも、母はその行為よりも、人前で捕まったことに怒っていたと思う。違法行為で捕まることは誰にとっても危険なことだが、黒人にとっては特別危険なことで、黒人である私が裕福な白人コミュニティで育ったこととは一切関係なかった。私は変わらず黒人であり、黒人というだけで責任を問われる年齢に十分達していた。私は当時十代で、反抗期だったが、母は周りの人が黒人に対してもっている先入観に私が屈していたことを見透かしていたと思う。どうせ黒人のすることなのだから法を犯しても平気なんだ、どうせ黒人のすることだから私はドラッグをやっても平気なんだ、という考えに染まっていたのだ。母はそうした犯罪行為は黒人だからすることではないと、私に教えてくれた。私が「犯罪者であること」を美化しないで済んだのも、母のおかげだった。

これも「麻薬戦争」の影響だ。黒人文化を無法で、反抗的で、反逆の象徴として崇拝する一方で、私たちが無法者であろうと、反逆者であろうと、そうでなかろうと、黒人を犯罪者扱いしていたのだ。

「私はアニタを信じる」

1991年、米連邦最高裁判事サーグッド・マーシャル※は引退を決めた。マーシャル判事は長年にわたる公民権と人権の擁護者であり、公立学校の人種分離に対するあの有名なブラウン対教育委員会の裁判でその名が知れ渡った。※※レーガン政権で副大統領を務めたブッシュが大統領に就任していた。ブッシュは、雇用機会均等委員会（EEOC）の元委員長で連邦判事を務める43歳のクラレンス・トーマスを、マーシャル判事の後継候補とした。トーマスを最高裁判事に任命することで、判事の人種構成を維持しつつ、差別是正措置や中絶合法化の判決を覆すような保守的な司法政策を支持する多数派を確保することができた。

NAACP（全米黒人地位向上協会）、アーバン・リーグ（全国黒人都市生活条件同盟）、全米女性機構（National Organization for Women）などの主要な公民権団体からの反対にもかかわらず、トーマス判事の就任は、あらゆる面で確実視されていた。しかし、オクラホマ大学法学部のアニタ・ヒル教授が、EEOC在職時に上司であったトーマスから性的嫌がらせを受けたと声をあげたことで、状況が

※　1908年生まれ。1967年に黒人として初めて連邦最高裁判事に任命された。

※※　1954年、最高裁は黒人と白人とを分離した公立学校の設立を認めたカンザス州法を違憲とした。マーシャルは違憲を訴えたブラウン側の首席弁護人を務めた。

一変した。ヒルは、トーマスからのデートの誘いを断った際に、トーマスが彼女に対して不適切な性的発言をしたり、ポルノ映画について言及したと主張した。

その結果として起こった論争に関しては、多くのことが記録されている。言うまでもなく、トーマスの最高裁判事就任は承認されてしまったが、その前に開かれた上院公聴会で、この件に対して意見の食い違う黒人のコミュニティ同士が公然と論争したことは、広く報道された。トーマスは、ヒルが成功した黒人男性を引きずり下ろすために画策した陰謀だと主張し、彼を支持する黒人とともに、この事件を「ハイテク・リンチ※」だと批判した。しかし、主として黒人女性はアニタ・ヒルの味方につく形となった。

私自身、"I Believe You, Anita"（「私はアニタを信じる」）をスローガンとするキャンペーンを覚えている。この言葉を印刷したバンパーステッカーやＴシャツをよく目にした。１６００人もの黒人女性が米ニューヨークタイムズ紙に広告を出して、このキャンペーンへの支持を表明した。そして、母がこの事件について話してくれたのを覚えている。母もアニタ・ヒルを支持していたことや、母自身も職場で嫌がらせを受けたり嘲笑されたりした話を聞かせてくれた。

ヒルの事例は、定義されたばかりの「インターセクショナリティ（交差性）」の概念を見事に表していた。

ちょうどこの2年前、キンバリー・クレンショー※※博士が、異なる形態の差別が重なり合うことをこう表現した。彼女は『シカゴ大学法務フォーラム』誌に「人種と性の交差性を脱周縁化する」と題した論文を発表し、その中で、裁判所が黒人女性を黒人女性として守ることができなかったという法的事例の理由として、（a）すべての黒人の経験を代表することができず、（b）すべての女性の経験を代表することができず、（c）裁判所が人種と性別に基づく差別が同時に起こりうることを理解できていなかったためだと詳述している。

まさにそのわずか2年後に、クレンショーがヒル教授の弁護団を補佐したのは、とてもふさわしいことだった。トーマスの就任が承認されたとはいえ、インターセクショナリティという革新的な考え方は、少しずつ世間に知られるようになっていった。

ロサンゼルス蜂起

その年の初め、１９９１年3月3日の夜、カリフォルニア州ロサンゼルスでロドニー・キングという若い黒人男性が交通違反で警察に車を止められ、ロサンゼルス警察の4人の警官（ステイシー・クーン巡査部長、ローレンス・パウエル、セオドア・ブリセノ、ティモシー・ウィンド）が、車を降りたキン

※　アメリカ南部では、奴隷制廃止後の１８７７年～１９５０年の間に、４０００人近くの黒人がリンチ（私刑）によって殺され、木に吊されるなどしていた。その理由は、黒人の権利向上を訴えた、白人女性に話しかけたといった理不尽なものだった。トーマスは自らに対する批判を社会的な吊し上げだとして、かつてのリンチになぞらえて「ハイテク・リンチ」だと主張した。

※※　１９５９年生まれ。弁護士、哲学者で、１９８９年の論文でインターセクショナリティの考え方を発表した。２０１６年10月にＴＥＤで行った講演「インターセクショナリティの緊急性」で、その意義を伝えている。

グを警棒で50回以上殴り、蹴り続けるという事件が起こった。

この様子は、通行人のジョージ・ホリデイによってビデオに録画され、その映像は瞬く間にすべての大手テレビ局から全米の家庭に向けて放送された。このビデオは、まさに黒人コミュニティが事件の何年も前から、経験し抗議してきたことを映し出していた。つまり、警察の黒人に対する過剰な暴力が蔓延しているということだった。

４人の警官は全員起訴され、裁判のために招集された陪審員は白人10人、ラティーノ１人、フィリピン系アメリカ人１人という構成で、意図的に黒人が含まれていなかった。１年後、陪審員は起訴された警官全員にすべての容疑について無罪評決を下した。

これを受けて、ロサンゼルスのサウス・セントラル地区では怒りが爆発した。

蜂起は６日間続き、その間に63人が死亡。２３００人以上が負傷し、１万２０００人近くが逮捕されると同時に、10億ドル近くの経済的損失が生じた。この蜂起は、ロサンゼルスをはじめ全米各地で10年以上にわたって水面下に潜んでいた、複雑に絡み合った人種間の緊張関係を露呈させた。

私はテレビでロサンゼルス蜂起についての報道を観ていた。当時子どもだった私でさえ、ニュースキャスターには見えていないであろうことを理解していると感じた。黒人たちは、自分の生命の価値を貶めてしまうような根強い人種差別の力学に激怒していたのだ。騒乱の余波で、昔から続く黒人コミュニティに対する人種差別と警察の暴力について全国規模で議論が過熱し、人種間の対立を緩和しようとする試みに拍車がかかった。この蜂起が特に明らかにしたことがもう一つある。ジム・クロウ法※の時代に作り出された黒人に対する隔離と差別の力関係は消滅したのではなく、形が変わっただけだということだ。人種差別は表向きには議論されてきたが、進展があるようには見えなかった。口先だけだったのだ。

その間、私は人種について、レーガン流の婉曲表現で教わっていた。私が住んでいたリベラルな地域では、アメリカは異なる文化や地域が集まって一つの国を形成している「るつぼ」のようなものだと教えられた。比喩は年々変わっていき、「るつぼ」から「サラダボウル」と呼ばれるようになったが、そのうち「みんながどうやって仲良くなっていったか」という部分は聞かなくなっていた。すべてが変わったのは、ロサンゼルスのサウス・セントラル地区が焼け野原と化したときだと思う。

クリントンの「ギャング戦争」

1993年、ビル・クリントンがアメリカ合衆国の大統領に就任した。これにより、12年間にわたった共和党によるホワイトハウス支配に終止符が打たれた。クリントンは南部出身でカリスマ性があり、サックスを演奏することで、保守的な共和党が覇権を握っていた12年間の地獄を経験した黒人コミュニティには人気があった。

※　学校、鉄道、食堂などあらゆる施設での白人と黒人との分離を内容とする南部諸州の法体系で、20世紀半ばまで存続した。ジム・クロウの名は、1830年代の白人コメディアンのトマス・ライスが演じた、顔を黒く塗って踊るジム・クロウというキャラクターに由来する。

クリントンは民主党員でありながら保守派だった。クリントンが打ち出した政策は、彼自身のカリスマ性もあいまって、共和党員にも魅力的に映った。犯罪に対しては厳しい姿勢をとっていたため、大量収監の問題はより深刻化した。1994年、クリントンは悪名高い暴力犯罪統制及び法執行法の成立を主導した。この法律には、女性に対する暴力執行法と攻撃用銃器《アサルト・ウェポン》規制法が含まれ、刑務所建設と10万人の警察官を新たに雇用するために90億ドルが投じられた。この法律は、連邦裁判所による死刑判決を増大させ、必要最低量刑を設け、各州が厳しい刑罰を採用して仮釈放を制限するよう促した。クリントンは、地域社会の変化に対して黒人指導者も白人指導者も同様に感じている恐怖心を利用した。ここでいう変化とは、ほとんどの場合、政策の影響というより、個人の選択の結果だとされた。彼は自己責任を持論にしていて、特に黒人コミュニティのことになるとそうだった。そして、ミシェル・アレグザンダー〔公民権弁護士・オハイオ州立大学法学教授〕が見事にかつ的確に指摘したとおり、ヒラリー・クリントンは、大統領執務室に座って悠々とお茶を飲んでいたのではなく、その後何十年にもわたり黒人コミュニティを荒廃させるような法案を、夫とともに支持していたのだ。

麻薬戦争は、ギャングとの戦争へと変容し始めていた。経済政策の転換は、白人家庭が都市から郊外に流出することを意味した。テレビのニュース番組や新聞は、都市部《インナー・シティ》の犯罪や貧困の話であふれていた。このような状況を生み出した元凶である政策についてはほとんど議論されなかったため、民主・共和両党内では保守派の論客たちが、犯罪や貧困の中で生きていかなければならない困難の原因を黒人コミュニティに求めてさかんに非難した。保守派の運動団体は、黒人コミュニティを標的にして監視や法の執行機能を強化し、厳罰化を進める数多くの法案を準備した。こうした法案は、民主・

第2部

新しい世代の出現

第3章　活動家の道へ

組織化とは、自分の関心や価値観を共有する人たちと力を合わせて、何らかの政策を変えるために活動するプロセスのことである。政策というと普通は政府の政策のことを指すが、ここでは大学や企業など、私たちの生活に影響するすべての団体の政策を含む。組織化は、物心ついて以来、私の人格を作ってきた。初めはただ仲間と力を合わせて自分たちの生活に関わるたくさんの問題を解決しようとしてきただけで、私自身は長い間それを「組織化」と呼んできたわけではない。私にとって組織化とは、政治的目標を達成するだけでなく、人と人とをつなぎ、関係を作り上げることでもある。組織化の活動は、今や私の職業であり、私の人格と一体化している。この社会で何事かを成し遂げるために周囲の人たちと協力関係を築くという発想は、あらゆる人の中にある。私たちが日々生計を立て、自己を表現し、休息して再び次の日を迎えるためのすべての営みは、組織化と不可分のものだ。人は社会的な生き物であり、人とのつながりは私たちの存在の核をなしている。さらに言えば、組織化とは、ある目的をもってつながることである。他人とつながることで、その人のことや自分自身について知ることができる。その理解こそが真の政治的変革の始まりなのだ。

私が組織化に関わることになったのは、この社会で孤独を感じたくなかったからでもある。人に働きかけることで、同じような経験をし、同じように疑問や矛盾を感じている人たちが、世の中にいることがわかる。心の奥底で、今の社会のあり方が絶対ではないと思っている人がいることがわかるのだ。活動に参加するきっかけは、活動家やオーガナイザーごとに異なる。共通の関心や課題が最初の接点になるかもしれないし、実行可能なビジョンがきっかけになる場合もあるだろう。私自身はそのどちらも経験している。共通の問題意識から接点が生まれ、実行可能なビジョンを共有する、「共通の課題から共通のビジョンへ」というプロセスだ。

このプロセスは孤独な一人旅では目的地にたどり着けない。白人が多く居住するサンフランシスコ郊外のマリン郡で、黒人の少女として育った私は、日常的に自分が「オンリーワン」であることの意味を味わったし、このことは将来生きていく上でも意味のある経験であった。私は8歳まで一人っ子だった。子どものころ、学校でも近所でも、家族といても、周りに黒人がまったくいないか、いたとしてもほんの数人ということが多かった。周囲に溶け込むことをよしとするコミュニティだったが、一緒に育った人や周りの人たちと同じだと感じたことはなかった。人と違う扱いを受けることがどういうことか身に染みてわかっていたが、同時に、どうしようもないことだと感じていた。

白人ばかりの環境で黒人だった私は、黒人であるがゆえに罰せられるという経験をした。私には該当しない美しさの基準に晒され、権威ある人たちからは人種差別にもとづく非難やマイクロアグレッション※を受けた。教師たちからは、賢くないとか能力に欠けていると思われ、特にジェンダーやセクシュアリティに関わることでは同級生との関係をしつこく監視された。人種的ステレオタイプによるレッテルを貼られ、私の存在そのものを無視された。小学5年生のときには、教師から「あなたの足させていると思うこともあった。若い女性が10歳は年上に見える男性と付き合っているような問題を、「文化的規範」と表現する人も組織の中にはいたが、コミュニティの仲間というよりまるで観光客や人類学者の言葉のように思えた。

ＳＦＷＡＲでのボランティア活動は、政治的な感覚が芽生えていた私に合っていると感じたが、私自身のアイデンティティについて理解を深めるのにも役立った。つまり、スタッフのほとんどはクィアで非白人だったのだ。そのような環境にいたことで、自分のセクシュアリティを探求することができ、自分がレズビアンやトランスの人たちと惹かれあっていることに気づいた。ボランティア研修の間は、大学にいたときと同じようにあらゆる抑圧について学んだが、この学びは学術的なものではなく、日常の経験と常に結びついていた。抑圧の仕組みが私たちの実生活でどのように作用しているのか、目の当たりにしていたのだ。

ＳＦＷＡＲは過渡期を迎えていた。緊急のニーズに応じて単にサービスを提供する一方通行の組織から、サービスの提供を受ける利用者との間で双方向の関係を結ぶ組織に変わろうとしていた。利用者にサービスを提供するだけではなく、利用者からも学び、それに合わせて自らも変化し、利用者を活動の一構成員として位置付けようとしていたのだ。この転換によって、組織内外で大騒ぎになった。組織の方針として、内部できちんとした合意があったわけではなかったからだ。政治的なスタンスを鮮明にしたことで、ＳＦＷＡＲは外部からの攻撃対象となった。殺害の脅迫電話や資金調達を止める

※　自分のコンプレックスを満たすために人助けをする心の状態

と脅す支援者からの連絡でストレスは増し、もともときつかった仕事は輪をかけて大変になった。

自分も一員として活動し、時間と情熱を注いできた組織や取り組みが、そもそも私のような人の参加を拒んでいること、あるいはそういう人たちを尊重していない形でしか参加させていないことがはっきりしてきた。私は変革や活動に幻滅し、孤立して自信を失った。以前は、孤独は私にとって慰めであり、ある意味、自分らしいぐらいだったが、そのとき感じた孤独は違っていた。

オーガナイザー研修

ＳＦＷＡＲでの勤務が終わろうとしていたある日、私が参加していたメーリングリストに、「オーガナイザー育成のための研修プログラム」の案内が届いた。８週間の「政治教育の研修」と「オーガナイジング集中講座」に参加を希望する18歳から30歳までの若者を探していたのだ。参加が決定すると、地域のコミュニティに基盤をもつ住民組織※で研修を受けることになり、研修の成績が良ければ多くの組織がインターンとして雇用するという。私は、アメリコーとＳＦＷＡＲの後に何をすべきか迷っていた上に、この講座がおもしろそうだったので申し込むことにした。そして参加が決まった。

この講座には、私が求めていた厳格さがあった。毎日、事前準備をして、時間通りに来るよう求められた。政治教育の研修は、興味をそそる内容であると同時に、ハードなものだった。週に２日、私たちは政治理論を読み、資本主義と帝国主義、家父長制とホモフォビア（同性愛嫌悪）、社会運動の歴史のような題材を深く学んだ。その他の日には、地域で草の根の活動を行う住民組織で活動した。８

週間の間はわずかな給料で生活する一方、一日の労働時間が10時間から12時間になる日もあった。毎週のように主任研修員から状況確認を受け、研修内容を復習したり、問題があれば相談したりした。

研修では、二人一組で行動した。私はシカゴ出身の若いアフリカ系プエルトリコ人のゲイ男性とペアを組んだ。彼は土地開発業者から木を守るために、木の上で６カ月間たてこもった人だった。父親は警察官だったが、彼はマリファナを大量に吸い、下着をつけず、デオドラントをつけるよりもニンニクを食べるような自由人だった。

毎日、この団体の事務所前で集合し、スタッフと一緒に組織化のロールプレイをしてから、実践のためにウエスト・オークランドの地域住民を訪ねて回った。

市長は、10年間で１万人を新たな住民としてオークランドのダウンタウンに移住させるという計画を発表し、私たちはそれに対抗するために組織化の対象者を探していた。ウエスト・オークランドはダウンタウンに隣接しているので、ダウンタウンに新規住民を移転させるということは、ウエスト・オークランドの開発がさらに進み、不動産投機が増加することを意味していた。当時のウエスト・オークランドの住民の多くは、貧困層か中流労働者層だった。第二次世界大戦中の戦時景気でルイジアナ州やミシシッピ州など南部から西部への移住が盛んだったころから、何十年も住んでいる高齢者も

※　コミュニティの住民を組織化する団体。コミュニティ・オーガニゼーション。人々と関係を構築し、自分や自分たちの物語を共有し、立ち上がる勇気を得て、人々の資源を力に変える。戦略をもってキャンペーンを起こし、組織を広げることで社会を変える。

いた。そのため私たちは、ウエスト・オークランドの住民を１００人集めて住民組織の集会に参加してもらい、開発計画とコミュニティへの影響について話し合った上で、地域住民の力を生かすための戦略を立てることを目標とした。

その夏、私たちは１０００人以上と話をした。一軒一軒を訪ねるという簡単な方法だった。インターンシップのパートナーは、玄関のドアを叩くのが得意ではなかったので、私が各戸のドアを叩いてその家の人と話をしている間、彼は外でタバコを吸っていたり、歩道の脇に座って雑草や野草を摘んでアクセサリーを作ったりしていた。だが、それも大いに楽しいエピソードだ。

こうして再び、自分がむくむくと成長しているように感じ始めた。ドアを叩くたびに家族のことを思い出し、会話するたびに自分自身と社会に対する理解が進んだ。私は「ちょっと参加できそうもない」とか「子どもをお風呂に入れなければならないから」とか「了解、後で立ち寄ってみる」という返事の裏にある、本当の事情に耳を傾けることを学んだ。「絶対、参加する」という返事以外でも、最終的には会議に来てもらうチャンスだと捉えた。この活動を通して、互いの家族のこと、政治や活動の経験、そして互いの人となりを知ることができた。他人の台所や居間、ぎゅうぎゅう詰めに人が座っているソファやポーチ、そして裏庭などで数え切れないほどの時間を過ごした。ここで私は少しずつではあるが、社会を変えるためのプロセスに関わってもらうにはどうしたらいいかを学んだ。

夏が終わる前に採用の依頼があり、快く引き受けた。私は組織化に夢中になり、政治理論にのめり込み、仕事に没頭した。オーガナイザーの道を進もうと決心し、サンフランシスコの高価すぎるアパートからオークランドに引っ越したのだった。

第4章　はじめての闘い

私は、黒人コミュニティを組織する取り組みから、運動構築について多くを学んだ。その学びの場は、ベイビュー・ハンターズポイントだった。私はその地で大切な人間関係を築き、同時に、辛い経験をしながら力（パワー）がどのように機能するか学んだ。そこは、私が何度も傷つきながら、全身全霊をかけた場所なのだ。

組織化とは、関係を作り、さらにその関係性を活用して、一人ではやりきれないことを連帯の力で成し遂げることだ。しかしそれだけではない。組織化の使命と目的は、力《パワー》を築き上げることである。力《パワー》がなければ、自分たちに損害を与えている地域社会を変えることはできない。運動によって力関係が変わるとき、はじめてその運動は成功したと言えよう。ほんの数人に集中していた権力を、多数の人の手に渡るように転換させるのだ。

力《パワー》について考えるとき、ほとんどの人はエンパワーメントを思い描く。確かに関連してはいるが、二つは異なるものだと思っている。力《パワー》とは、人々の生活を改善することができる決定権である。一方、エンパワーメントとは高い自尊心、つまり自分に自信をもつことである。エンパワーメントとは、人々が一堂に会すときに起こる。人は結集することで孤独感から解放され、自分だけが経験していることではない、と感じるのだ。だが、エンパワーメントが力《パワー》に変換されない限り、私たちが暮らす環境が変わることはない。力《パワー》とは、ある地域を高級住宅街にするかどうか、学区に教育予算を投入するかどうかを決めるものである。あるいは地域の家庭が収入の多寡にかかわらず質の高い医療サービスを受けられるようにするかどうかを決めるのも、力《パワー》なのだ。

ベイビュー・ハンターズポイントでの組織化活動を通じて、力《パワー》について多くのことを学んだ――力《パワー》とはどうあるべきか、どのように作用するか、どのように挑むべきか、そしてどのように転換することができるかを。私は10年間、小規模ながら力のあるコミュニティで組織化活動をしたが、そこで学んだ教訓は、サンフランシスコ市内で力《パワー》を築き上げるプロジェクトに役立っただけでなく、全米に広がる運動を構築するという、より大きなプロジェクトを率いる上でも重要なことだった。

草の根組織へ

コミュニティの組織化は華々しく語られることが多いが、実際の仕事には粘り強さ、忍耐力、そして責任が求められる。評論家のように、ソーシャルメディア（ＳＮＳ）で世界の出来事について自分の意見を述べたり解説したりすることとは違う。コミュニティの組織化とは、多様な背景や経験をもつ人たちを集めて、コツコツと自分たちの生活を変える面倒な作業だ。それまで、なんの共通点もないと思ってきた人たちが共通の目標を目指す協力関係を築く仕事だ。つまり、オーガナイザーとして、地域に存在するあらゆる背景の人がともに闘うために、互いの歴史を学び、互いの人間性を受け入れるように働きかけることなのだ。オーガナイザーは自分の欠点や能力不足を克服しようとする一方で、他の人々にも同様に努力するよう促す。オーガナイザーは、集団でも単独でも仕事ができる。人々の惨めな状況を変える力をいかにして身につけるか、という難問を解決するために活動している。

オーガナイザーは、無私であると同時に利己的でもある。無私であるのは、話すよりも聞く側に徹し、相手が前に進めるよう自分が一歩下がることで、正義感に火がつくと知っているからだ。利己的であるのは、他者のために活動することが自分自身の喜びでもあるからだ。誰かの心の中に、社会的変革を求める貪欲さを目覚めさせることは、妙にやりがいがある。自分がそのきっかけを作るために、膨大な時間を費やしたことは無駄ではなかったと確信できるからだ。オーガナイザーは、他の人たちが行動するよう動機づけることで、高揚感を得るのだ。

２００５年、私はＰＯＷＥＲ（People Organized to Win Employment Rights 労働者の権利を勝ち取るための連帯組織）という小さな草の根組織に加入した。この団体は、サンフランシスコに残る黒人地域の中で最大規模のコミュニティを活動場所として、住民の生活改善のため、新しい組織化プロジェクトの立ち上げを支援していた。

私はＰＯＷＥＲの活動にはだいぶ前から注目していた。ＰＯＷＥＲは「貧困と抑圧をきっぱりと終わらせる」ことを使命として１９９７年に設立された。サンフランシスコ市の最低賃金を、当時、全米で最高水準まで引き上げ、さらに、いわゆる「福祉改悪」に抵抗したことでも知られている。ＰＯＷＥＲは、サンフランシスコ市内の草の根組織の間でも、黒人コミュニティを明確な支援対象としている珍しい組織だった。これは、私がこの組織の活動に惹かれた理由の一つだった。ＰＯＷＥＲには、当時、私が組織に求めていた環境があった。つまり、自分も学ぶことができ、組織化の技術と政治活動について訓練してもらえ、毎日出勤する際に自分の信念や価値観や政治思想に蓋をする必要がなかったのだ。

ＰＯＷＥＲに参加したことで、組織化に対する私の考え方は大きく変わった。

スタッフになった当時は、キャンペーンの始め方についてもほとんど理解していなかったが、一人で手探りする必要はなかった。早速、同僚の一人が「キャンペーンは、殴り合いを始めるようなもの。まず誰かの顔を殴って、一歩下がり、何が起こるか見届けるんだ」と教えてくれた。まあ、殴り合いの経験はないが、理屈はわかったと言っていいだろう。

私たちは、自分たちのコミュニティのためにサンフランシスコの環境改善を目的とする組織化活動に参加したいと思っている黒人を探していた。しかし問題は、市内の黒人コミュニティが急激に縮小していたことだった。１９７０年、サンフランシスコの黒人人口は市の全人口の13・４パーセントだったが、私がＰＯＷＥＲで活動を始めた２００５年には６・５パーセントまで半減していた。再開発は、都市再生とも称されたが、黒人の間では「黒人排除」と呼ばれ、かつて黒人居住域として活気のあったフィルモア地区を、若くて裕福な家族持ちの白人専門職の遊び場に変えてしまった。フィルモア地区から追い出された人の多くは、ベイビュー・ハンターズポイントというサンフランシスコ市内南東部にある小さなコミュニティに移った。

もいれば、逆にそうした住民を食い物にして利権のために動く人もいる。この地域に限って言えば、食うか食われるかという考えのもとに行動しているようであった。ブラック・パワーについて力強い美辞麗句を連ねた話をするリーダーがいても、拍手が止んだ途端に背を向け、企業から金を受け取って、地域社会に損害をもたらすようなことに手を貸していた。

私は、世の中には2種類のリーダーがいると気づき、次第に名前と評判で2種類のうちのどちらなのか特定できるようになった。エルイーズ・ウェストブルック、エスパノーラ・ジャクソン、エノラ・マックスウェルのような女性たちは、地域の母と考えられていた。公営住宅に住み、一般扶助※を受けている黒人女性を代表して、その女性たちとともに、育児サービスや手ごろな価格の住宅、雇用など、より多くの資源を住民にもたらすために活動していた。

だが他方では、企業や開発業者との関係を通じて、影響力を行使しようとする人たちもいた。市政でも州政においても有力者であったウィリー・ブラウン・ジュニア市長（当時）の下では、黒人の多くが、強力な利害関係者に利益をもたらすプロジェクトを支持するのと引き換えに、仕事を与えられていた。ブラウンが市長として2期目を終えたとき、こうした人たちの中には、パシフィック・ガス・アンド・エレクトリック（ＰＧ＆Ｅ）のような企業の「地元対策コンサルタント」になった人もいれば、市の清掃部門などの部署のトップに就任したり、再開発局の委員や役員になったりした人も

※　州または地方政府が、主要福祉制度の受給資格のない生活困窮者かあるいはあっても扶助額の少ない人に付与する扶助制度。

いた。彼らは、黒人有権者を代表して政界に参入したが、まさにその有権者を排除するような大規模再開発計画の推進に手を貸していたのだ。

市内の他地区の人たちにベイビューについて話すと、あることないこと色々な話をされ、まるでこの地域は銃や麻薬やギャングであふれているのだろう、と言わんばかりだった。しかし、私が見たベイビューはそんな単純なものではなかった。黒人だけでなく、東南アジア系、ラティーノ、そして白人の家庭があった。若者と高齢者がいて、誰もステレオタイプに当てはまらなかった。麻薬の売人とレッテルを貼られるような人が毎週日曜日に教会へ行き、実際、麻薬を売っていたとしても、高齢女性の買い物を手伝ったりしていた。毎日おしゃれに身なりを整えている年配の女性が、冷蔵庫は空っぽで誰も彼女を訪ねてこない、という例もあった。路上でたむろしている若者たちの前を通ると、市長が推進している新しい政策について議論していることもあった。私は日ごとに、このコミュニティのことを深く深く知るようになった。通りを歩き、ドアを叩き、時には暗くなるまでそれを繰り返した。何千戸のドアを叩いたが、安全でないと感じたことは一度もなかった。

私たちが最初に取り組んだキャンペーンは、電線地中化と呼ばれる地域美化プロジェクトで、住宅の上を横切る電線を道路に埋設するために、一戸あたり上限１４００ドルの支払いを求められるものだった。支払いができない住民は、自宅に先取特権（担保権の一種）が付く可能性があった。サンフランシスコ市と郡は、ベイビュー・ハンターズポイントの各住宅所有者に宛てて、手続きの指示を文書で送った。それに従わない世帯には、次第に脅迫の度合いが増していく文書が送られるようになった。私が訪問した家の中には、都市の美化プロジェクトの費用がなぜ自分たちに請求されるのかわからず、困惑しながら開封した封筒を手にドア口に出てきた人もいた。さらにひどいのは、この地域の当時の年間所得中央値は約４万ドルで、市全体の所得中央値の半分だったことだ。かろうじて生活できている多くの人にとって、１４００ドルは高額過ぎる請求だったのだ。

市は「地中化」の費用を必要としている住民を支援するための制度を設置したが、資金が不十分でほんの一部の住民しか恩恵を受けられなかった。ほとんどの住民はこの制度の存在を知らず、市もあまり広報活動をしなかった。私たちはすぐに、地中化の費用を支払うための制度があることを各住民に知らせ、このプロジェクトに関わる住民の組織化を始めた。

私たちが話をした大部分の人たちは、市が先取特権を利用して住民を脅していることに怒っていた。古くからの住民は、１９５０年代の黒人排除と、この再開発計画の類似性を指摘した。地域の住民集会は参加者十数人から始まり、集会を重ねるごとに75人から１００人規模になった。

集会では常に食べ物や託児サービスや通訳などが用意され、当時は地元図書館のコミュニティ・ルームで開催されることがほとんどだった。図書館司書のリンダは、企業主導の開発攻撃に効果的に反撃するための組織化の重要性を理解してくれて、毎月第三土曜日に部屋を空けておいてくれた。

私たちの事務所は、市役所からほんの数ブロックにあるサンフランシスコのミッド・マーケット地区に位置し、隣にはグレイハウンドバスの駅を改築した市の国土安全保障局、階下には薬物依存症患者のための診療所があり、路上生活をする多くの患者を治療していた。事務所からベイビュー・ハンターズポイントまでは４・５マイルで、車で23分、バスだと約１時間かかった。地下鉄はベイビューを通っていなかった。こうした不便さが原因で、ここの住民は仕事や他のチャンスを逃していた。

地域集会を開くには、土曜日に早起きしてイースト・オークランドのアパートから必要な備品を取りにサンフランシスコの事務所まで行き、途中でメンバーを2～3人拾わなければならなかった。私は約1時間前に図書館に到着して、集会の準備をした。集会の議題をまとめるのは、メンバーと一緒に行うことが多かった。メンバーのほとんどが、地域の高齢者や年金暮らしの人たちで、開発計画のための支払いをする余裕がなく、先取特権による立ち退きを求められていた。私たちはともに、達成しなければならないことを明確にし、問題に対処するための戦略を考えた。

そのうちに、電線地中化計画に関連した市への要求項目を考えついた。これを「要求」と呼んだのは、闘わずしてあきらめないということをはっきりさせたかったからだ。私たちは、市に以下のことを要求した。収入が、ベイビュー地区の年間所得中央値である4万ドル以下だと証明できる住民一人ひとりに地中化の費用を支払うこと。地中化計画について住民説明会を開くこと。費用を支払うことができない住民に対して、先取特権を発動すると脅すのをやめること。

次に、市当局の担当者との話し合いを設定した。職員の多くは、私たちの話は聞いたが「悪いが、我々にできることはあまりない」などと言って肩をすくめ、最初は同情的ではなかった。そのため、私たちは直接行動を起こすことにした。この開発計画の担当部局に、15人ほど高齢者を連れて行き、待合室でこの計画がいかに人種差別的かを訴えるスローガンを声を揃えて連呼して、部長との面会を要求した。私たちはわずか2時間後にはその場を後にした――要求は実現した。市は私たちの条件を呑んだのだ。年間所得が4万ドル以下だと証明できれば、補助金制度に申請した人は一人残らず受け入れるという条件だった。

ERが地域で増やした会員らと議論し、いちばん良い方法を試してみることにした。

８０００筆の有効な署名を集めるために必要と思われる人員のシフト数、担当する人数、１時間あたりに必要な署名数を急いで計算した。署名がいちばん多く集められる場所を地図で特定した。署名が集まり次第、事務所で確認してパソコン入力するボランティアの日々のシフトを決めた。そして、模造紙に進捗を確認するグラフを描いた。無効な署名もあることから、誤差も換算した上で８０００を超えたらこっちのものだった。私たちは、２週間で１万人の署名を集めることを目指した。

平日は少なく、最初のうちは署名がパラパラ届いた。しかし週末になると事態が動き出した。私たちは、労働者階級が集中する地域を中心に、市内各地のスーパーに署名ブースを設置した。同時に、ベイビュー・ハンターズポイント内を全戸訪問した。この方法は街で〔ブースを設けて〕署名活動をするより効率が悪いとわかっていたが、いちばん危険な状況にある住民を巻き込んでいくことが重要だと考えた。それに、新築されるアパートの半分は、地域住民でも手が届く価格にするという構想が背中を押すはずだった。

毎日、４時間のシフトを組み、ボランティアはクリップボードと署名用紙数枚、次回会議の案内などの資料を取りに事務所に来た。署名活動に慣れていないボランティアのために、オリエンテーションも開いた。そこではＰＯＷＥＲの目標や目的だけでなく、キャンペーンの最終目標と目的、署名集めの注意点などについて説明した。また、記入された署名用紙が戻ってきたら、すぐに、署名者がサンフランシスコ市と郡に有権者登録しているかどうかを確認した。私たちはネイション・オブ・イスラムのメンバーに支えられ、迅速かつ効率的に行動することができた。

10日で1万1414筆が集まり、市の検事に結果を承認してもらうことになった。署名集めと同じように、ボランティアのシフトを組み、今度は市の検察職員が署名の有効性を確認するのに立ち合った。せっかくの苦労を政治的打算によって裏工作されるわけにはいかなかった。こうして、不可能と思われたことが達成されたのだった。2007年11月に条例案を投票用紙に掲載する資格を取得し、2008年6月の総選挙に間に合わせることができた。信念と努力、そして広いネットワークによって、私たちは最初の勝利を手にした。しかし、闘いはまだ続き、勝利の余韻にひたる余裕はなかった。私たち連携組織は、条例案を可決させるために、サンフランシスコの有権者を半年で説得しなければならなかった。

私たちの条例案には「F」という文字が与えられたので、「F」は「Families（家庭）、Fairness（公正）、Future（未来）」だと意味付け、「条例《プロポジション》F」の選挙運動を展開した。

見放された土地

もちろん、私たちの対抗勢力として膨大なリソースをもち、同じように懸命に活動している人たちがいた。その名も、レナー株式会社。レナー社はベイビュー・ハンターズポイントに目をつけて数十億ドル規模の開発を計画していたが、私たちの条例により計画は暗礁に乗り上げようとしていた。

レナー社はベイビュー・ハンターズポイントをサンフランシスコ市内でもっともホットな地区にすべく注意深く計画を進めていた。まず最初に、タダ同然で土地を買収し、誰からも望まれない地域を開発・販売するのと引き換えに、市から特権と減税等の優遇措置を受けようとした。そこまでは、市の反応も期待どおりだった。８００エーカーもある水辺の土地をたった1ドルで売却したのだ。なぜそんなタダ同然で売却したのか。それは、土地の一部が汚染されていたからだった。

ベイビュー・ハンターズポイントは、かつて西海岸で唯一の乾ドックの一つで、ハンターズポイント海軍造船所があった場所だ。造船所は１８７０年に建設され、１９４０年にアメリカ海軍が購入し、１９９４年に永久閉鎖された。何年もの間、この地域経済の原動力であった。１９４０年代には、南部から移住してきた多くの黒人にとって、まともな仕事と賃金が得られる場所だった。戦時中は、最初の原子爆弾の部品を運んだ船の除染に使用された。第二次世界大戦後は、海軍放射線防衛研究所がこの地域の一角を占め、太平洋での核実験に使用された船舶の除染や、放射線が動物（そしておそらく人間）に及ぼす影響の研究を行った。

この地域に代々住んでいた住民の中には、この造船所にまつわる昔話をする人も多く、伝説と事実の区別がつかないほどだった。動物実験や人体実験が行われ、亡くなった人がそこに埋められたという言い伝えもある。造船所の地下で火事が起き、30日間も燃え続けた後にやっと助けが来たことを鮮明に覚えている人もいた。こうした逸話は何世代にもわたって語り継がれてきたため、詳細が曖昧になり、都市伝説が織り交ぜられていった。

しかしその中で紛れもない真実は、ベイビュー・ハンターズポイントが、放置され見捨てられ、見下されていたコミュニティだったということだ。海軍が造船所を閉鎖したことで、地域経済の生命線が断たれた。造船所を支えていた多くの企業も閉鎖した。年配の住民は、この地域がどん底に落ちる前にいかに繁栄していたかを話してくれた。こういった話はおもしろくて、現在は見放された地域であることを考えると、ほとんど不条理に思えた。往時を知る人は、ローラースケート場や黒人が経営する銀行、クリニックやスーパーなどについて詳細に語ってくれた。周りを見渡す限り想像しがたい情景だった。

ベイビュー・ハンターズポイントには、スーパーマーケットが一つもなかった。代わりに住民は、1ドルストアで買い物をしていた。こうした店では、加工食品が普通のスーパーの平均以下の値段で販売されていた。格安だったのは、スーパーより品質が劣るからだった。街角の1ブロックごとにあるのは、酒屋とディスカウントストアばかりに見える。大通りには、数軒の家族経営の店が点在していたが、営業時間は不規則で、営業中でも閉店しているように見えた。

しかしそれにもかかわらず、このコミュニティには人々の優しさとしぶとさが息づいていた。住民たちがこの地域の現状を語るときに声を潜め目配せしたとしても、そこには互いを気遣い、自分たちの地域が再び繁栄することを心から願う意志が感じられた。私は、他では感じたことがないほど、ベイビューを安全だと感じた。灰色の格子窓の向こう側には、地域を見守る人たちがいた。二重ロックされた玄関ドアの奥には、愛し合う家族の笑い声が聞こえ、お互いのことを思いやる隣人たちがいた。この地域には黒人を読者とする『ザ・ベイビュー』という急進的な新聞があった。編集者のウィリーとメアリー・ラトクリフは、積極的に地域のメンバーを募り、地元住民や世界中の黒人に関係する問題について記事を書いていた。刑務所長が許す範囲ではあるが、刑務所や拘置所にいる人たちにも新聞を配布していた。私にはこの新聞は、ベイビュー・ハンターズポイントの厳しい生活、コミュニティの精神、そして抵抗の表現に思えた。

『ザ・ベイビュー』はまた、地域のアイデンティティを構成する重要な媒体だった。多様な人種が住むとはいえ、ベイビューは基本的に黒人コミュニティだったのだ。

レナー社でさえ、ベイビュー・ハンターズポイントが黒人コミュニティであることを知っていて、選挙運動にその情報を利用しようとさえしていた。自社の目的を達成するために、レナー社が地域に馴染もうと励む姿は、私にとって格好の社会学的研究の素材となった。同社は、黒人との関係を作るために相当な資本を費やしていた。レナーが説明会で再開発計画を発表するときには、必ず黒人の代表者を派遣した。住民説明会や地域の集まりでは、フライドチキンや野菜、マカロニチーズなどのソウルフードをテーブルいっぱいに用意した。

黒人は生き延びるためならば、たとえそれが矛盾した行動だったとしても、なんでもする。その現実に、ベイビュー・ハンターズポイントで私は初めて直面した。また、残酷な現実を直視せざるをえなかった。つまり、黒人だからといって、必ずしも黒人のために最善を望むわけではないということだった。自分の利益のために、わかっていながら黒人たちを傷つける人も実際にいるのだ。それでは、誰も救われない。

サンフランシスコでは、利権と賄賂による政治が横行していた。この種の慣行は、当時市長だったウィリー・ブラウン・ジュニアの下で日常的だったが、利権政治は、白人市長の下でも当たり前のことだった。開発業者らが計画案への支持を増やすために雇った「地元対策コンサルタント」は、私が出席した再開発計画の住民説明会では常連となっていた。見慣れた顔ぶれのコンサルタントたちは、主にシスジェンダーの男性で、金の指輪や時計をつけ、体に合わないスーツを着ていた。説明会で、一般市民から意見を聞く時間帯になると、黒人が長い間見捨てられてきたことや、地域に雇用をもたらすためにはこの開発計画が必要だという話をした。数分間そんな話をして、そして去っていく。この茶番劇を見て私は苛立ち、怒りを覚えたが、滑稽に感じることもあった。こういう人たちが会社からお金をもらって、あれやこれやと開発計画の賛否について判で押したように同じ発言をしている姿がおかしかった。というのも、この人たちは、正規ルートから直接雇用されることは絶対にないだろうと思うからだ。彼らは、そんな立場に甘んじていた。

私たちは、この種の利権政治が私たちにとって不利に働く一方で、時に役に立つかもしれないと考え始めた。もちろん負の側面は、地元対策コンサルタントが、私たちを公の場で非難し、違法行為をしているかのように見せかけることだった。「黒人コミュニティを犠牲にして、実験台にしていた部外者」と、私たちを貶め、黒人社会から生活の糧や金をぶんどろうとしていると非難するのだ。彼らの主張は、いたって即物的だった。まず、地域開発によりコミュニティに必要な雇用が生まれることを述べ、次に、市内のいたる所で開発が進行している現状を語り、黒人コミュニティも他の地区と同じようなチャンスを摑むべきではないか、と言う。そして最後に、今こそこの地域を美化して、豪華な開発に踏み出そうと訴えかける。「もともと公営住宅は恒久的なものではない」として、所得混合住宅※への移行に伴って公営アパートが失われていくと不安をあおり、「こうしたアパートで生活している家族も、今こそ独り立ちすべきです」などと言うのだ。

しかし、利権政治が私たちに有利に働くときも、賢い行動が求められた。市当局で働く黒人たちと私たちの短期的利害が一致している場合は、とてもうまく行った。市役所の中には正しいことをしたいと考えている人たちが常にいて、私たちと協力することで、内側から積極的変化を生み出すことができると捉えていた。彼らは、いつも密かに協力してくれた。再開発局※※のような部署にも、なかなか手に入らなかった情報を提供してくれる仲間がいた。開発計画の重要事項書を読めば、住民監査※※※がなった10年で期限切れとなることや、再開発局が別の新たな物件を建設する際の土地収用には制限が課されていないことを知らせてくれる人もいた。つまり、再開発局の約束に反して、家を取り上げられてしまう危険性があったのだ。開発業者が相当悪質で、コンサルタントや黒人の事務局や役人でさえも反対せずにはいられない場合もあった。結局のところ黒人の彼らは、このコミュニティで生活しなければならないのだ。

同時に、住民と話をすればするほど、必ずしも受益者の企業だけが再開発に賛同しているわけではないことがわかってきた。地域の衰退を目の当たりにしてきた高齢の住民が、再開発やそれに付随する計画のいちばん熱心な支持者であった。かつて誇った壮大な姿を取り戻すところを見たいと思うがゆえに、地域の警察パトロールを推進し、より裕福な住民を誘致できそうな所得混合住宅への転換を

※　市場価格による住宅と低所得者でも入居可能な住宅によって構成された住宅。公営住宅を置き換え、低所得者向けに家賃補助を行う方式などがある。

※※　スラム化した地区を再開発するために１９５０年代後半に市の都市開発の事業組織として設立された。土地収用権を有し、マスタープランの作成や土地・施設の買収、事業の実施を担う。

※※※　市の都市計画条例で再開発のマスタープランの策定・改定には住民参加による審査を通過しなくてはならない。

支持したのだ。「経済的困窮は意図的に作られたものではなく、単純に、自分たちの選択の結果にすぎない」「選択を誤ったために苦労しても中流の下にも届かなかったのだ」――まるでそう主張するかのように、コミュニティが廃れたのを「若い世代」のせいにする。住民の中には、フィルモアという市内の別の黒人地区からの転入者もいた。以前の再開発計画によってこの地域に追いやられて来た人たちだ。そういう人たちは、フィルモアの再開発の方が住民不在の傾向が強く、人種差別と企業の貪欲さがあからさまだったと考えていた。

サンフランシスコの黒人コミュニティのこととなると、再開発を単純な問題として考えることは決してできない。この地域は海軍に見捨てられ、汚染のホットスポットと廃墟以外は何も残っていない。人種差別によって経済活動から締め出された住民が満足できる生活を送るために、改善を必要としていることは事実だった。ただ一方で、市はこの地域に関心をもち始めた富裕層の白人住民のために、再開発計画を立てていた。地元住民の同意の有無にかかわらず、開発を強行する予定でいた。

ベイビュー・ハンターズポイントの物語は、全米の多くの黒人社会で耳にする物語となんら変わらない。ジム・クロウ法の下における分離生活の中で比較的安全だった時代に、隣近所が知り合いで、互いを頼っていたときには、黒人家庭がより良い生活を送ることができたのを覚えている人がいる。しかしこうした物語には、状況が悪化するターニングポイントがつきものだ。それは、薬物や銃がコミュニティにあふれ、暴力が日常になったことで人々が地域を去り、放棄された土地が投資するに値しなくなる時だ。そのため、地域の高級化《ジェントリフィケーション》の話になると、それをポジティブに捉える人たちがいた。もはや選択の余地なしと思われていた地域にとっては、どんな変化も改善につながると感じられるの

ロックに15年近く住んでいるが、周りにはその2倍も長く住んでいる家族もいる。

また一方で、課題もある。同じ地区に住んでいる人たちは、同じ場所に住んでいるからといって必ずしも仲が良いわけではない。黒人に対する差別は、これらの地域ではよく起こることであり、オークランドに限ったことではない。１９９０年代に起きたロサンゼルス蜂起※※は、隔離された地域に住む人種的マイノリティと移民コミュニティが、いかに一触即発の緊張状態にあるかを第三者が知るきっかけとなった。

自分たちが置かれた状況や、一見自分たちが無力に映ることに意味を見出そうとする中で、ステレオタイプな見方や偏見があちこちで飛び交う。サンフランシスコでオーガナイザーとして活動していたとき、自分たちの状況を変えるための組織的・制度的力をもたない人たちの間で、非難の応酬を耳にした。黒人は「くそメキシコ人！」と呟き、ラティーノの人々は「バカな黒人！」と返す。

私が働いていた組織の住民集会では、このような会話はほとんどなかった。だからと言って、マイクロアグレッションが起きないというわけではなく、そのような表立った場では、基本的に言って良いことと悪いことの分別があるというだけだ。例えば、祖母の家では、行儀よく振る舞い、テーブルの上に肘を乗せないというように。

※　20世紀の初頭、南部から約６００万人の黒人が北部に移住した（グレイト・マイグレーション）。北部の不動産業者は、黒人地区と白人地区の棲み分けのため、黒人に対して白人居住区の不動産取得を制限した。現在は違憲となっている。

※※　ロサンゼルス蜂起については第２章参照。一部が暴徒化し、韓国系アメリカ人の経営する商店を略奪した。

一般的に、人がもっとも正直に本音を話すのは、もっとも安全と言える自分の家だろう。人の本音を聞けたのは、一軒一軒家を回っていたときなどであった。例えば、黒人の隣人はこう話すかもしれない。「誰に対しても何の偏見もないが、あのメキシコ人たちは何で同じ家にあんなにたくさん住んでいるの？ 車を18台も持っているのに、半分は壊れている。うるさいし、週末になると、男たちは酔っ払って喧嘩をするし。誰かあいつらを国外追放してくれればいいのに。そうすれば平穏な日々を送れるのに」。「あれ？ 何の偏見もない、と言っていなかったっけ」と私は内心思う。そして、今度はアジア人の話になる。「アジア人はまだマシだね。同じ家に住んでいても、それは別の家を買うためにお金を貯めているから。アジア人は仲間を支え合う。私たちと違って、お互いに助け合って出世していくんだ」と。

私の同僚でもある友人は、組織化の支援をしていたラティーノの家事労働者との間で、似たような会話を聞いたそうだ。「何で黒人があんなに怠け者なのか理解できない。一日中何もせずにそこらへんにただ立っている男たちを見かけるよ。働く意欲があるとも思えない。この国では黒人のために正義を求める運動があったと言うのに」と、母国での社会運動を経験してきた彼らは主張する。「しかし、何のために？ せっかく勝ち取った自由なのに、何をしているんだ？」。友人とこのような会話について話し合いながら、私は眉をひそめた。

抑圧された者同士の衝突

　こうした会話は、ほとんどの場合プライベートで行われるが、地域の集会で浮上することもあった。通常、新しいメンバーが他の人種や民族を誹謗中傷するような発言をすると、部屋は静まり返る。周囲の人たちは視線を落とし、自分の席で居心地悪そうにするだろう。当然ながら、主催者は動揺し、その場ですぐ対応しようとする。長時間にわたり説教しても、結局のところ「お互い思いやりをもって」というような話になる。あるいは、自分たちは社会制度により分断されているが、#BlackBrownUnity※（ブラックとブラウンの団結）の精神で団結しようなどと長々と話し、必要以上に話が複雑化してしまうこともある。当の本人は、明らかに失言したことを恥じてうなずき、皆、次の話題に移るのだ。

　正直に言うと、私はどちらの側にも立ったことがある。私自身が介入しても効果がなかったこともあるし、介入した人が長々と10分も話したけれど、当事者にはまるで響いていなかったという場面を目の当たりにしたこともある。実際は、響かない場合が多かった。私はそのような出来事があるたびに、その発言者と一対一の対話を数えきれないほど繰り返したが、結局のところ私が引き出したい答えを言わせていただけだった気がする。

※　ブラックは黒人を指し、ブラウンはラティーノを指す。

　ここで私は、人種差別、ホモフォビア（同性愛嫌悪）、家父長制、エイブリズム（非障害者優先主義）、外国人嫌悪に気づいても闘うべきではない、と言っているのではない。いかなる場合においても、闘うべきである。要は、このように抑圧された者同士の衝突に対応する私たちのやり方は、結局のところ自分たちが解体しようとしている制度と同じやり方だと言っているのである。わかりやすく言えば、「あなたは目の前で起きていることが見えていない」と言っても、相手には通じない。何度も空は緑だと繰り返し、その瞬間はうなずいて同意するかもしれないが、本人が見上げた空が青ければ、やはり空は青だと信じるわけだ。空が緑であると言えば、あなたの前では笑顔でうなずくだろうが、あなたがいなくなれば空は青に戻ってしまう。

　そんな彼らを責めることができるだろうか。実際に彼らのコミュニティで起きていることと、私のコミュニティで起きていることは全く違いがない。唯一の違いは、率直に言って、目の前で起きていることの原因や将来に与える影響の説明のしかただけだ。

　そこで私は、ちょうど環境レイシズム※や警察の暴力と闘うためにタフな黒人女性たちを組織していたのだが、彼女たちへの接し方を変えることにした。「シーッ！　そんなこと言わないで。ひどいな」と言うのではなく、私たちが団結すべき理由について学術的で独善的な演説を長々とするのでもなく、あえて質問をするのだ。そうすることで、彼女たちが自分の見聞きした経験の意味を理解できるようにした。「ラティーノの人は一軒の家に何人も一緒に住んでいる」と誰かが非難すれば、「そんなことはない」と否定するのではなく、「私も見たことがあるよ。多くの人が同じ屋根の下で暮らすってどんな感じだと思う？」と問いかけてみる。それは必然的に、こんなに多くの人が一つ屋根の下に住ん

第6章　ブラック・ライブズ・マターの誕生

２０１２年2月26日、17歳の誕生日からわずか3週間後、トレイボン・マーティンはフロリダ州サンフォードで殺害された。トレイボンは、父親が婚約者と一緒に住む家に遊びに来ていて、近所のコンビニへ自分のお菓子と兄のジャバリスに頼まれたアイスティーを買いに出かけた。途中、友人のレイチェル・〝ディーディー〟ジャンテルに電話をかけた。買い物を済ませて、ジャンテルと携帯で話しながら店を出た。雨が降り始めていたので、店の軒下で雨宿りしていたトレイボンは、自分を見ている男に気づいた。28歳のジョージ・ジマーマンだった。まだ携帯がつながっていたトレイボンは、「不気味な白人野郎」が車の中で携帯で話しながら自分を見ている、とジャンテルに話した。すぐにそこから立ち去るようジャンテルに言われたトレイボンは、雨に濡れないようパーカーを頭からかぶり、父親の婚約者の家に向かって走り始めた。ジャンテルは、とにかく家に着くまで走り続けるよう訴えたが、例の男を振り切ったと思ったトレイボンはスピードを落として歩き出した。携帯で話を続けていると、先ほどの男がまた現れた、とトレイボンは言った。「どうして付いてくるんだ」と言うトレイボンと、「ここで何をしてるんだ」と返すその男の声を彼女は聞いた。

数秒後、もみ合っているかのような音がし、電話が切れる直前にトレイボンの「放せ！　放せ！」

と叫ぶ声がした。

シャンテルがトレイボンの声を聞いたのは、それが最後となった。

私が初めて警察の暴力を、テレビ画面を通してではなく、直接目にしたのはワシントンD・Cでリプロダクティブ・ジャスティス〔性と生殖に関する自己決定権〕の大会に参加したときだった。それまで私は、他の州に一人で出かけたことがなかった。当時、大学でリプロダクティブ・ジャスティスの学生団体で活動していたので仲間に勧められて会議に出席することになったが、正直それほど乗り気ではなかった。ただ、大学時代に付き合っていた相手が卒業後ワシントンに引っ越したため、必然的に迎えた悲しい別れから数カ月会っていない状態が続いていた。当時は自覚していなかったが、私は彼が恋しく、今回の旅は彼に会ういい機会となった。同時に大会の大部分を休むことをも意味していたが。

彼と楽しく、しかし気持ちの整理が全くつかないまま数日間を過ごした後、大会の最終日に会場に向かった。自分が欠席していた間に話し合われた内容を知りたかったたし、元彼との再会は自分で決断したものの、少し距離を置きたかったからだ。

大会の閉会後、タバコを吸うためにビルの外に出るとまもなく、前の通りをパトカーがスピードをあげて向かってくるのが見えた。同時に、若い黒人男性がごくごく普通に同じ通りを歩いていた。すると、そのパトカーが急ブレーキで止まり、白人の警官が勢いよく降りたと思ったら、その男の前に立ちはだかった。二人が言葉を交わした後、警官は男を無理やり摑み、車に強く叩きつけた。近くに立っていた眼鏡の若い黒人女性はすぐさま反応し、警官に向かって「ちょっと、そこまで乱暴にしなくてもよくない⁉」と怒鳴った。警官は気にとめる様子もなく、男は車に押し付けられたままだった。私はその女性の方を見て言った。「これってめちゃくちゃ異常だよね。だって彼は何もしてないんだよ。誰にも迷惑かけずにただ普通に歩いていただけなのに」

「ほんとだよ」と彼女は言った。「警官はいつもあんなふうにめちゃくちゃなんだ。車のナンバープレートと、あの警官と若い男の人の特徴など全部書き留めておいて。どうなってるのかちょっと見てくるから」と言い、彼女は警官に近づいた。私は大会でもらったバインダーから紙をちぎり出し、起きたことすべてを必死に書き留めた。

その若い男性がその後どうなったのかは、今となっては思い出せない。思い出せるのは、あの女性が私のところに戻ってきたときに、自分がメモを取ったことを懸命に伝えたことくらいだ。彼女は果たしてこのメモを必要とするだろうか、何か役に立つだろうか――そんな考えがめぐった。彼女は自分のメールアドレスを書き、「そのメモの内容をｅメールで送ってくれない？　なくしたくないから」と言って立ち去った。私はその場でただ呆然と立ち尽くしていた。今までこんな行為を間近で見たことがなかった。警察は人をどんなふうに扱っても許されるのか。

マリン郡の警官

私の地元であるマリン郡は、法人格のない小さな町※の集合体で、それぞれに議会、消防署、警察署および学区がある。私が暮らし、その後働いていたカリフォルニア州のティブロンにも、町が運営する警察署と消防署があった。私たちは警察署の人たちをよく知っている環境で育ち、警官たちも私たちのことをよく知っていた。友人などが開くホームパーティーで、そろそろお開きにして解散するように、と現れた警官と顔見知りだということがよくあった。一度、地元で警官に車を止められたことがあった。両親のもとで働いていた時期で、遅刻は一切認められなかったため、遅刻しそうな私はスピードを出し、制限速度を10マイルオーバーしていたのだ。私は、カイゼル髭の警官マイクに、仕事に遅刻しそうだったからだと説明し免許証を渡した。彼は私の住所と名前を確認し、母は元気かと尋ねた。私の親が厳しいことを知っていたので、同情して警告のみで逃してくれたおかげで、出勤時間にはギリギリ間に合った。

高校3年生のある夜、友達と「勉強」しに行くと言って、母の車で出かけたことがある。本当はマリファナを吸うためだったのだ。上級クラスで一緒だったその友達は、まだ14歳のちょっとした天才少女で、17歳の私たちと一緒に卒業することになっていた。窓を閉め切った車を丘の上に停め、車の中でパイプを交互に吸いながら、二人でサンフランシスコとゴールデン・ゲート・ブリッジの景色を眺めていた。時折、道路を走る車のヘッドライトが車内を照らすこともあったので、後ろからまたヘッドライトが車を照らしたときには、特に気にも留めなかった。しかし、ヘッドライトがそのまま車を照らし続けたので、バックミラーを見ると、赤と青の点滅する光が見えた。心臓が止まる思いだった。

警官が車から降り、懐中電灯を照らしながら、もう片方の手を銃のホルスターにかけ、運転席側に向かって歩いて来るのが見えた。母のBMW325iの運転席に座ったまま、マリファナの煙が充満した車内で息をするのがやっとだった。警官は車の脇まで来ると、2本の指で窓を叩き、「窓を開けてください」と言った。私は首を横に振った。マリファナの煙が充満した状態で窓を開けることなどできるわけがない。私が想像したのは、手錠をかけられた状態で母の元に連れて行かれ（そう、地元のドラッグストアで万引きをして捕まったのが2年前で、その時は親から法的に独立していると言えば逃れられると思ったが、裏目に出て逆に手錠をかけられてしまったのだ）、父親が怒りを爆発させる姿であった。絶対に窓を開けてなるものか――。

警官は今度はもっと強く窓を叩き、「窓を開けなさい」と言った。彼の口調がきつくなったので、深刻な事態だと察知した。窓を開けると、煙がモクモクと吹き出し、警官は一瞬車から後ずさりした。私を見てから、助手席に座っていた小柄な金髪の少女を見た。「免許証と登録証と保険の証書を」と言われ、私はグローブボックスを開け、車の登録証と保険の証書を取り出した。財布はシートの下にあった。「財布はシートの下にあります。取ってもいいですか」。彼はうなずきながら、車の中を懐中電灯で照らした。免許証を渡すと、注意深く確認した。「これが君の住所なのか?」と、ティブロンの住所を指差しながら言った。私はうなずいた。「車から降りなさい」と彼は言った。「二人とも」

私たちは怯えながらゆっくりと車から降りた。彼は車内を懐中電灯で照らした。「すごい量の煙だ

※　アメリカでは自治体（市・町・特別区）は住民の発意で住民投票によって設立する。無自治体地域では行政サービスは郡によって担われる。

ったね」と言った。「トランクを開けなさい」。私は車のドアを開け、床に身を乗り出して、トランクを開けるレバーを引いた。ちょうどそのとき、前の週末に友人宅で行われたパーティーから持ち帰った酒の瓶をトランクに入れたままだったことを思い出した。もう終わりだと思った。

警官は車の後ろまで歩き、トランクの中に光を当てた。「これは君の酒か？」と尋ねた。

「いいえ」と私はとっさに答えた。「母のものです。この前あったパーティーで飲んだものです」

「ふーん」と彼は言った。「あなたが母親の車の中でマリファナを吸っていると知ったら、お母さんはどうするだろうね」

「いやぁ、殺されます」。私は即座に断言した。それは、間違いないからだ。母はよく笑う優しい女性で、全体的に愛らしく、ひょうひょうとしたところもある。しかし、怒るとただではすまない。これまでの人生で、母が怒っている姿をたった数回しか見たことがないが、その数回の経験から、もう二度と見たくないと思っていた。

留置所から両親に電話することを想像し、心臓が破裂しそうだった。私の家は、非行が許されるような家庭ではなかった。以前万引きで逮捕されたときは、たまたま遊びに来ることになっていた祖母がカリフォルニアに到着したばかりというタイミングだった。南部出身の祖母は、中西部で一人暮らしをしていたが、西海岸が何一つ気に入らない彼女にとっては珍しい訪問だった。両親はただでさえ激怒していたにもかかわらず、祖母の前では行儀よく振る舞わなくてはならず、さらに怒り心頭だった。罰として、私は1年間（いや、真面目な話、３６５日間）外出禁止になり、８週間あった夏休みの間、毎日家の周りで肉体労働をさせられた。電話で話すことも許されなかったので、友達には手紙を書いた。手紙の返事がきても、開封済みの状態で渡された。父は怒りのあまり、私の寝室のドアを素手で引っ剝がした。反抗期だった私は、「出てってやる、親友の家に住むんだ」と脅した。

父がドアを壊した後（そして、それとなく修復した後）、私がベッドの上ですねているところに父がゴミ袋を持ってやってきて、壁に貼ってあった友人との写真や、憧れのアイドルの雑誌の切り抜きのコラージュやフォーチュンクッキーに入っていた占いなど飾っていたものをほとんどひとつ残らず引きちぎって捨てた。さらに私のベッドにあったふわふわの羽毛布団を取り除き、シーツだけを残し、ベッドの上にあった8つのクッションのうち、1つを除いてすべてを部屋から持ち去った。「そんなに犯罪者になりたいのか」と父は叫んだ。「だったら犯罪者のように扱ってやる！」。父はドアを思いっきりバタンと閉め、私はショックのあまり、目を丸くして硬直状態で座っていた。両親が怒るときは決して生半可では終わらない。目の前にいる警官よりも、私は両親の方が怖かった。

警官は車中を調べ始めた。シートの下に手を伸ばし、まず運転席側、次に助手席側を調べ、ベルベットの袋を引っ張り出した。その中には、穴の上に網が貼られた金属製のパイプ、ライター、ジップロックの袋に入ったマリファナが約200グラム、そしてタバコ一箱が入っていた。なぜマリファナを200グラムも持っていたかって？　まあ、それはある友人から受け取ったもので、1グラムずつ袋に分けて売り、両親に頼らずに小遣い稼ぎするつもりだったからだ。なぜそのまま全部を持ち歩いていたのかはわからないが、警官が座席の下から引っ張り出した瞬間に後悔しかなかったことは確かだ。車の向こう側にいる友達を見ながら、17歳と14歳の自分たちが刑務所の中で暮らす姿を想像していた。

警官の声で、はっと現実に引き戻された。「いいか？　君たちは、本当にここでこんなことをしてはダメだよ。夜も遅いし、誰かに危害を加えられたらどうするんだ。マリファナの影響下で運転して誰かに怪我をさせたかもしれない。君たちは二人とも、もっと分別があるだろう」と彼は説教した。そして私を見て言った。「ボール投げは得意かな？」

「自信あります」。私は即座に答えた。「サッカーでゴールキーパーをしていました」

「よし。じゃあ、このパイプをできるだけ遠くへ思いっきり投げて」。警官が言い終わる前に、私はパイプを手にとって、車を駐車していた丘の上から投げ捨てた。そのあと、彼はゆっくりと他のものを車の中のもとの位置に戻していった。マリファナも、私の座席の下に戻した。そしてこう言った。「しばらくここに座って酔いを覚ましなさい。それから家に帰って、二度とここには来ないこと。わかったね」。私たちは力強くうなずいた。彼はトランクを閉め、免許証、登録証、保険の証書を返してくれた。「お休み。気をつけて帰るんだよ」と言い、車に乗って去って行った。

1、2年後、大学生になった私は夏休みに帰省し、友達とコーヒーを飲みに地元のスターバックスに入った。店内で警官の姿を見たとき、あの時の警官だとすぐにわかった。彼に近づきこう言った。「数年前、私にチャンスを与えてくれて、ありがとうございます。私は今大学生になり、社会学と人類学を学んでます。あのとき、逮捕されなかったことに感謝してます」

するとと彼は笑顔でこう言った。「人は誰でも、別の道を歩むためにチャンスが必要なときはある。うまくやっているようで何よりだ」

警官に銃殺されたケネス・ハーディング

私が警官と遭遇した経験は、アメリカ国内だけでなく、全世界の黒人とも大きく違った。黒人が、未成年のときに約２００グラムものマリファナを所持しているところを警察に見つかってしまったら、これだけでは済まないのが現状だ。金髪の少女とＢＭＷの中にいて、住所はティブロンだった。ティブロン育ちがにじみ出ていて、当たり前のように「礼儀正しく」対応することができた。また、私は女性だった。

しかし他の無数の黒人は、私のように恵まれているわけでもなく、チャンスが与えられるわけでもなかった。ベイビューで組織化活動をしているとき、警察の容赦のなさを痛感した。メンバーの一人は、ハンターズポイント海軍造船所の近くにあった低所得者向けの団地に住んでいた。彼女と会ったのは、私たちが開催していた住民組織の集会に参加したときだった。住宅当局が団地内の管理を止めてしまったから、管理組合を立ち上げたいと相談されたのがきっかけだった。ある日、彼女の家に遊びに行った。彼女が住む部屋は正面玄関と裏玄関があり、表は通りに面していて、裏は4つのユニットに囲まれた中庭に面していた。二人で裏でタバコを吸っていると、突然、いろんな色の軍服を着た男性が15人、中庭に現れた。「中に入った方がいい」と彼女は言った。「あれはギャング対策部隊だと思う。リーダーはマジでヤバい奴なんだ」。彼らが1戸1戸回り、そしてそのうちの一軒に突入するのを見た。中では、ドアを蹴破る音がした。団地住民はほとんどが黒人とサモア人だった。ヤバい奴らは、外で団地住民が固唾《かたず》をのんで見守っているのをあざ笑った。

２０１１年には、19歳のケネス・ウェイド・ハーディングが、街の中心にある3番通りとオークデール通りの角でサンフランシスコ警察の警官に銃殺された。警官はTトレインという新しい路線で乗客の運賃を確認していた。この新しい路線は、公共交通機関をもっとも必要としている乗客のために建設されたのではなく、サンフランシスコのダウンタウンからベイビュー・ハンターズポイントへと通勤する専門職の労働者のために建設されたのだった。当時ベイビュー・ハンターズポイント地区は、バイオテクノロジーの研究施設と地ビール醸造所の拠点として生まれ変わろうとしていた。Tトレインは、新設計画が提案された当時から、大きな論争の的となっていた。近隣住民は、建設工事中の数年間、狭い地域で交通渋滞が起こり、多くの人が頼りにしていたバスが時間通りに発着できなくなっていたことをぼやいていた。さらに困ったことには、ついに鉄道が完成しても、遠くに行けば行くほど、問題を多く抱えていることがわかった。全く電車が来ないときもあり、来たとしても一駅で数分間も停車することがあった。さらには、目的地に行くために、別の交通手段を探さなければいけないこともあった。

サンフランシスコ市交通局は、この路線が開通したばかりのころ、市内の公共交通機関の料金を強制的に徴収する制度を導入した。サンフランシスコ警察（ＳＦＰＤ）の警官は、運賃検査を開始したが、特定の地域、つまり人種的マイノリティが多く住む地域に集中しているように見えた。運賃の支払いを証明できなければ、警告を受けたり、１５０ドルの罰金を命じられたりすることもあり、逮捕につながる可能性まであった。

運賃の強制徴収は、貧しい地域に住む黒人や移民にとって悪い知らせだった。警察は人種的マイノリティを狙いうちした。さらに困ったことに、運賃を支払う際に渡される紙の半券はすぐ紛失しそうな代物で、一瞬の不注意が莫大な罰金や逮捕につながるのだ。警官はしばしば身分証明書を求めてくるので、公的証明書を持っていない人や犯罪歴のある人にとっては恐ろしいことだった。さらに、運賃2ドル分の支払いが証明できないことに対して、１５０ドルの罰金を科せられるのは非常に不均衡であり、その罰金を支払うことができなければ、駐車違反の切符のように、追加の罰金などを負わせられるのだ。

２０１１年7月16日、ケネス・ハーディングが乗車していたTトレインに、ＳＦＰＤが運賃検査のために乗り込んできた。母親のデニカは彼のことを「ケニー」と呼んでいた。シアトルに住んでいたケニーは、警官が運賃の証明を求めて近づいてくるとパニックに陥り、列車から飛び出してしまった。目撃者の証言によると、ケニーはホームから飛び降り、オークデールとニューカムに挟まれた3番通りにあるベイビュー・オペラハウスに向かって走っていったという。彼は真っ昼間に3番通り近くのオークデール通りで射殺された。殺された現場にはケニーを祀る祭壇が設置されたが、ＳＦＰＤはケニーが銃を所持し、自らを撃ったように見えたという情報を報道陣に流した。また、ケニーがシアトルで14歳の少女に売春を強制しようとした罪で起訴され、その年の初めに刑務所から釈放されたこと、さらに、19歳のタナヤ・ギルバートを殺害し、他の3人を負傷させた銃撃事件の重要参考人であることなど、ケニーの犯罪歴についての情報を公開した。殺人に関して、彼は有罪判決どころか逮捕さえされていなかった。彼はまだ子どもであり、路上で常習犯として処刑されるには若すぎた。さらに重要なのは、今さらこんなことを指摘したとしてもまるで意味のないことだ。なぜなら彼は、タダ乗りをしたという理由だけで殺されたのだから。

オークランドの怒り

その2年前の2009年1月1日の早朝、私の家から数ブロック先のイースト・オークランドで、22歳のオスカー・グラントが、BART（ベイエリア高速鉄道）のフルートベール駅のホームで殺された。オスカーは、サンフランシスコからオークランドに戻る途中だった。彼は何千人もが大騒ぎして新年を祝う大晦日のイベントに参加していた。友人とBARTに乗って帰る途中、オスカーが乗っていた車内でケンカが勃発した。列車がフルートベール駅に到着すると、BART警察が待機していて、オスカーと友人二人を列車から降ろし、プラットフォームの上に座らせた。BART警官だったアンソニー・ピローニはオスカーの友人のうち一人の顔を何度か殴り、オスカーを上から見下ろして「クソニガーだろ？」と叫んだ。電車に乗っていたパーティー参加者は携帯電話を取り出し、その様子をビデオに撮り始めた。そのうちの一人はサンフランシスコ州立大学の学生で、その前の年に黒人学生自治会を通じて私の組織でインターンとしてボランティア活動をしていた人だった。

BART警官が、オスカーとその友人たちをホームにうつ伏せに押さえつけたため、列車内にはブーイングと罵詈雑言が飛び交った。オスカーを見下ろしていたのは、警官ヨハネス・ミセリだった。ピローニはオスカーの首をひざで押さえつけ、警官に抵抗したために逮捕すると言った。ミセリは叫んだ。「スタンガン※を使うぞ！　トニー、トニー、下がれ！　下がれ！」ピローニが立ち上がると、ミセリはスタンガンではなく銃をホルスターから抜き発砲した。弾はオスカーの背中を貫通し、コンクリートのプラットフォームに跳ね返ってオスカーの肺に穴を開けた。目撃者の証言によると、オスカーは撃たれた瞬間、「撃ったな！　俺には４歳の娘がいるんだぞ！」と叫んだそうだ。７時間後、娘のタチアナ・グラントは父親を失い、オスカーの母ワンダ・ジョンソンは息子を失った。

その日、私はパートナーとパーティーから帰宅して、ニュースを見ようとテレビをつけたのを覚えている。「ちょっと！　フルートベールで起きた事件を見て！　警察が大勢の人の前で若い子を殺したって！」。私たちは沈黙と絶望の中で、一人の父であり、息子であり、そして友人である男性の死をもって、新年が幕開けするのを見ていた。

私たちのコミュニティは、直ちに動いた。オスカーが殺害された日以降、列車に乗っていた乗客が、メディアに携帯電話の映像を提供したのだ。その結果、何十万人もの人々がＢＡＲＴ警察の言い分ではなく、映像を信じた。そこには、オスカーが何百人もの目の前で、冷酷に殺害された場面が映し出されていた。まもなく、デモや抗議行動が起こったが、トム・オルロフ地方検事が起訴するかどうかを決めるのに時間がかかったため、デモは何週間も続いた。ＢＡＲＴ警察は12日間で捜査を終え、映像は決定的な証拠にはなり得ないという判断を下した。同時にオスカーへの誹謗中傷が始まったが、

※　「テーザー銃」と呼ばれる引き金を引くタイプのスタンガン

それも、彼が撃たれる前にピローニに顔面を殴られている姿を映したビデオが公開されると収まった。

そのころには、オークランドはオスカー・グラントの殺害に対する怒りだけでなく、それまでに多くの人が警察から暴力を受けたことに対する怒りであふれていた。

ＢＡＲＴ警察はオークランドでは比較的新しい存在だったが、オークランド警察（ＯＰＤ）は、生活困窮者や人種的マイノリティとの間で、長年の緊張関係にあった。私がオークランドで組織化を始めたころ、ライダーズ事件を知った。２００３年のＳＯＵＬサマースクール※でのインターンシップ後、私はＰＵＥＢＬＯ（People United for a Better Oakland）という団体で働き始めた。ＰＵＥＢＬＯは、ＯＰＤによって愛する人を亡くした人たちの手で創設された団体で、警察の説明責任と透明性、警察組織の改革を求めることを目指した。ライダーズとは、オークランドの警察官４人からなるグループで、オークランドの地域住民を捕らえ、暴行を加えた後で、証拠品を仕込んでいたことで知られる。ＯＰＤは、それを数年間にわたり放置したとされていた。

警察学校を卒業したばかりの新人警官が勤務わずか10日目で辞職し、元同僚たちの行動を内務調査室に告発したことで、この事件は２０００年に白日の下に晒された。１１９人が違法な暴行と拘留を公民権違反だとして提訴し、最終的には１１００万ドルでＯＰＤと和解した。これにより、ＯＰＤは大幅な組織改革の実施に合意した。問題の警官は全員免職されたが、３人は刑事責任を問われず無罪となり、一人は起訴を避けるためにメキシコに逃亡したままである。２００３年以来、ＯＰＤは連邦政府の監督下に置かれているが、署内はほとんど変化がないと当局関係者は言う。オークランドは２００１年から２０１１年の10年間で、警察による暴力のサバイバーに５７００万ドルを支払っている。

これはカリフォルニア州の市が負担した和解金の中でも最高額に当たる。
ライダーズ事件の不正が完全に解決されていないことに業を煮やしたオークランドの住民は、何百人もの目撃者の前で殺されたオスカー・グラントの事件に共鳴した。草の根の団体やコミュニティのリーダーたちは、ミセリの逮捕を要求した。これは、ライダーズ事件を2度も起訴して失敗したオルロフ検察官が、事件に関与した警官をすぐに殺人容疑で起訴しなかったからだった。私はソーシャルメディア（SNS）を使って抗議の声を広めた。

……私はオスカー・グラント……今日の午後4時にオークランド市役所に集合！（2009年1月14日、水曜日、午後12時07分）

……オスカー・グラントの家族や友人のために祈りを捧げる……警察に殺害されたすべての人の正義のために、裁判所を傍聴人で埋め尽くそう！……オークランドのファロン通りにあるアラメダ郡裁判所で、今週ずっと午前8時から開廷。（2009年5月18日、月曜日、午後4時40分）

……「やっとこの時が来た」と言いたい。元BART警官ミセリ、武器を所持していなかった黒人男性殺害容疑で起訴へ。故殺罪でなく謀殺罪である。（2009年6月4日、木曜日、午後9時21分）

※　コミュニティの組織化や社会変革について学ぶサマースクール

……やっとこの時が来た。オスカー・グラントの殺害現場にいた警官ピローニが免職された。そして、ミセリは……オスカー・グラントの正義を実現するための闘いにご協力を！（2010年5月27日、木曜日、午後2時32分）

信じ難い判決

最終的にミセリは、２０１０年、第二級謀殺容疑と故意故殺容疑では無罪となり、非故意故殺罪で11カ月の実刑判決が言い渡された。※これほど残忍な公開処刑に対して軽い判決が下ったことを聞き、地域社会はさらに動揺した。

その２年前の２００８年には、アメリカ合衆国の大統領に史上初の黒人が選出されていた。さらにその２年前の２００６年には、ロン・デラムスがオークランド市長に選出されたが、１９７７年に初めて黒人の市長が選出されてからまだ３人目の黒人市長だった。

２０１０年５月16日、ミシガン州デトロイトで7歳のアイヤナ・スタンレー＝ジョーンズが、マンションで寝ている間に家宅捜査中の警察に頭を撃たれた。

……私はアイヤナ・ジョーンズ……7歳の子どもたちには、弾丸ではなく、命を吹き込むべき……（2010年5月17日、月曜日、午後3時17分）

人なら誰でも受け入れるようにしたいと話した。

#Blacklivesmatter は、黒人の抵抗力と回復力を信じ、黒人であることを集団的に肯定する運動である。黒人の命が大切にされ、尊重され、私たちの尊厳と決意を最大限に発揮できるようにすべきであるということを、改めて想起し、要求するものである。これは社会が人間性を取り戻すために受け入れるべき真実である。これは、叫びであり、祈りである。黒人の命を大切にし、守ることによって、私たちは皆、向上できるのだ。集団的行動は集団的な力を呼び覚まし、集団的変革を起こすにはその集団的力が必要である。これこそが、黒人の人生における真実なのだと、#Blacklivesmatter は宣言する。（２０１３年7月16日、火曜日午後3時58分）

1週間もしないうちに、私はブラック・ライブズ・マターを代表して、#WeAreNotTrayvonMartin という反人種差別のハッシュタグを作った人たちと、インターネットニュース番組のハフポストライブで共演していた。彼らはハッシュタグを使って、人種差別がトレイボンの殺害だけではなく、正当防衛法のような人種差別的な法律の制定につながっているということを、白人に教育していた。あらゆる人が、黒人への差別に反対する体験談を私たちのタンブラーでシェアし、フェイスブックを通じてつながろうとしていた。私はフェイスブックを使うことが多かったが（当時、ツイッターのアカウントはほとんど使っていなかった）、パトリスとオパールはフェイスブックとツイッターを行き来していた。私たちは、自警団がある地域で他にも似たような事件が起きていることや、正当防衛法のような極端な法律がさらなる暴力事件を生み出し、法律が差別的に適用されていることなどをSNSに投稿していた。例えば、マリッサ・アレクサンダーは、パートナーの暴力から逃げようと威嚇射撃しただけで、3年間も服役した。

ブラック・ライブズ・マターがリアルに政治組織として組織化されたのは2014年のことだが、2013年に"Black Lives Matter"という言葉は（ハッシュタグや一連のSNSのアカウント名として）すでに辞書にはなかった新たな意味を備えていた。パトリス、オパールと私は、ブラック・ライブズ・マターを作る前から知り合いだった。パトリスとは、2005年、私が初めてPOWERに参加したときに知り合い、ロードアイランド州プロビデンスのダンスフロアであっという間に親しくなった。オパールとは、BOLD（Black Organizing for Leadership and Dignity　リーダーシップと尊厳のための黒人組織化）という黒人のリーダーシップ・ネットワークを通じて知り合った。彼女はちょうどそのころ、BAJI（Black Alliance for Just Immigration　公正な移民法のための黒人連盟）の代表に就任したばかりだった。そして、3人ともBOLDネットワークの会員だった。ジマーマンがトレイボンの殺人事件で無罪判決を受けた1週間後、BOLDネットワークは全米にいる約100人のリーダーと電話会議を開き、ブラック・ライブズ・マターについて話し合った。10月には、長寿番組で人気のあるテレビドラマ「Law & Order　性犯罪特捜班シリーズ」が、ポーラ・ディーン論争（ディーンは南部の白人シェフとして有名だったが、あからさまな人種差別的行為を暴露されたばかりだった）とトレイボン・マーティン殺人事件を掛け合わせた架空のエピソード「アメリカの悲劇」を放送した。番組に不可欠とされた裁判の法廷シーンでは、裁判所前での抗議行動が映った。デモ参加者は、ブラッ

郵便はがき

料金受取人払郵便

神田局
承認

7451

差出有効期間
2021年7月
31日まで

切手を貼らずに
お出し下さい。

101-8796

537

【受　取　人】

東京都千代田区外神田6-9-5

株式会社 **明石書店** 読者通信係 行

お買い上げ、ありがとうございました。
今後の出版物の参考といたしたく、ご記入、ご投函いただければ幸いに存じます。

ふりがな お名前	年齢	性別

ご住所 〒　　-

TEL　(　　)　　FAX　(　　)

メールアドレス	ご職業（または学校名）

＊図書目録のご希望	＊ジャンル別などのご案内（不定期）のご希望
□ある □ない	□ある：ジャンル（　　　） □ない

書籍のタイトル

◆本書を何でお知りになりましたか？
□新聞・雑誌の広告…掲載紙誌名［　　　　］
□書評・紹介記事……掲載紙誌名［　　　　］
□店頭で　□知人のすすめ　□弊社からの案内　□弊社ホームページ
□ネット書店［　　　　］　□その他［　　　　］

◆本書についてのご意見・ご感想
■定　価　□安い（満足）　□ほどほど　□高い（不満）
■カバーデザイン　□良い　□ふつう　□悪い・ふさわしくない
■内　容　□良い　□ふつう　□期待はずれ
■その他お気づきの点、ご質問、ご感想など、ご自由にお書き下さい。

◆本書をお買い上げの書店
［　　　　市・区・町・村　　　　書店　　　　店］

◆今後どのような書籍をお望みですか？
今関心をお持ちのテーマ・人・ジャンル、また翻訳希望の本など、何でもお書き下さい。

◆ご購読紙　(1)朝日　(2)読売　(3)毎日　(4)日経　(5)その他［　　　　新聞］
◆定期ご購読の雑誌［　　　　］

ご協力ありがとうございました。

ご意見などを弊社ホームページなどでご紹介させていただくことがあります。　□諾　□否

◆ご 注 文 書◆　このハガキで弊社刊行物をご注文いただけます。
□ご指定の書店でお受取り……下欄に書店名と所在地域、わかれば電話番号をご記入下さい。
□代金引換郵便にてお受取り…送料+手数料として300円かかります（表記ご住所宛のみ）。

書名	冊
書名	冊

ご指定の書店・支店名	書店の所在地域　都・道 府・県　市・区 町・村
	書店の電話番号　（　　　）

ク・ライブズ・マターとのプラカードを掲げていた。

殺人事件はトレイボン・マーティンで始まったわけでも、終わったわけでもない。数カ月後、19歳のレニーシャ・マクブライドは、ミシガン州ディアボーンハイツで、真夜中に55歳のテッド・ウェイファーに殺害された。レニーシャは２０１３年11月２日早朝、駐車してあった車に衝突し、助けを求めた。午前４時42分ごろ、ウェイファーの家の扉を叩いたところ、ドアを開けたウェイファーに銃で顔を撃たれたのだ。

ウェイファーは当初、正当防衛だと主張した。そのあと、デトロイト在住の映画監督ドリーム・ハンプトンは集会や記者会見を企画し、メディア報道を通じて、レニーシャがデトロイト出身の労働者階級の黒人少女であり加害者が郊外に住む白人男性だったために、事件が深刻に考えられていないと指摘した。担当の地方検事はようやく起訴に踏み切った。

トレイボンの場合とは違い、ウェイファーは有罪判決を受けた。第二級謀殺罪で懲役15年から30年、故殺罪で７年から15年、重罪目的武器不法所持罪で２年の禁固刑を言い渡された。結果、ウェイファーは、少なくとも17年間服役することとなった。

レニーシャの家族同様、多くの人が法の裁きが下ったと思う一方、私たちは、人々を事実上丸呑みにしてしまうような法制度に疑問を抱いた。もちろん黒人に偏っていたが、究極的には、この判決によって法の裁きを受けるすべての人が影響を受けるのだ。おそらくテッド・ウェイファーは刑務所で死ぬか、出所後すぐに死ぬことになるだろう。私たちはブラック・ライブズ・マターとして対話イベントをもった。ハンプトン以外に、ジャーナリストのダーネル・ムーアとタンジシズウェ・チムレンガ、それにパトリスとの対談を主催し、プリズン・アボリション運動〔刑務所を縮小・廃止し、矯正施設に置き換える運動〕、社会正義、そして運動の矛盾について議論した。たった2日の告知期間にもかかわらず、２００人以上が参加した。私たちは、年内はブラック・ライブズ・マターを活動の場とし、それを用いて組織化と分析を続けた。

蜂起は、黒人の抗議運動の大きな転換点となった。それは、白人や「尊敬すべき」黒人たちがどう思おうと知ったことか、と黒人デモ参加者が思った瞬間だった。ヒギンボサムらが忠告したように、運動の拡大に障害とはならなかった。むしろ、黒人コミュニティに蔓延する反黒人性と、内在化する白人至上主義の本質を探る、新しい政治空間が作られた。ファーガソンの蜂起は、黒人の間で新しい常識を作ったのだ。

もし、ブラック・ライブズ・マターやファーガソンの蜂起、その後のボルチモアでの抗議行動がヒギンボサムの忠告に耳を傾けていたなら、もし、アル・シャープトンの言うとおり、家に帰り、運動の代わりに投票に行っていたら、あるいは自分たちのコミュニティを荒らさないようにしていたなら、蜂起は起こらなかっただろうし、報いも求めず、責任追及もしなかっただろう。緊迫状況を解く代わりに、賄賂に手を染め、外見を装うだけになっていただろう。正直、ある程度はそういうこともあった。しかし、シャープトン、ジャクソン、そして彼らのリスペクタビリティ政治を運動の中心から外すことで、これまでとは異なる方法を可能にする政治的、文化的な空間が生まれた。警察やメディアが「尊敬に値しない」と描いていた人、それゆえ関心にも値しないと判断していた人たちの生と死について、この新しいスタイルの運動を通して知ることができ、思いを寄せることができるようになった。フレディー・グレイのように薬物所持で逮捕歴がある人や、マイケル・ブラウンのように、ダレ

※　黒人エリートたちが下層階級の黒人たちに白人の中流階級的価値観を身につけさせることで、黒人が集団として白人の「尊敬」を得ることができ、社会的地位の「向上」を達成できるという考えにもとづいた運動戦略。

ン・ウィルソン警官に6発撃たれたのは葉巻を盗んだからだと噂される人もいた。音量を下げるのを拒否したジョーダン・デイビスのような人もいる。レニーシャ・マクブライドは、交通事故を起こしたのは飲酒運転だったからだと容疑をかけられていた。

尊敬に値するかしないかなどという基準で判断するのはやめて、私たちは警察の腐敗や暴力を改めて議論の中心に据えるべきである。警察が守ってきた制度腐敗や暴力というもっと大きな問題について、黒人の命の本質的な価値についてもう一度立ち返って議論すべきなのだ。


ブラック・ライブズ・マターは、ファーガソンの蜂起に立ち上がった活動家やオーガナイザーたちとともに活動しているが、型にはまらず、黒人性をありのままに発揮できる政治的・文化的空間を生み出した。黒人は、皆から尊敬され、尊厳と人間性に値するとみなされるために、晴れ着を着る必要はなかった。

ただこれは、大きな衝突も生んだ。文化は変わりつつあり、この新しい常識については、黒人コミュニティにおいて、繰り返し検討され議論されている。ファーガソンのクィアの黒人活動家たちは、抗議デモの最前線でともに声をあげていた人たちが、デモを離れると、彼らのことを「ダイク」と蔑称で呼んだり、ストレートになるようにファックするぞと脅してきたと報告した。

ファーガソンに到着した日、男性数人と他の女性一人とのミーティングで、私はワンピース姿（黒いコットンの無地のワンピース）に髪を結っていたのだが、ある男性に、この姿ではコミュニティに「馴染めない」と言われた（付け加えるならば、髪をストレートにしていた）。この男性は、貧困地域でワンピースを着ていると、あまり真面目に取り組んでいないように見られるぞとほのめかした。今日でもなお、ファーガソンの蜂起は、いわゆる「ゲイの運動」に「乗っ取られた」と言われ続けている。確かに変化には時間を要するが、変化が起きていないわけではない。私たちがその変化を受け入れる準備ができているか、支持しているかに関わらず、変化は着実に起こっている。今日、抵抗運動のリーダーの多くは女性であり、中にはクィア、レズビアン、ゲイ、バイセクシュアル、トランスジェンダー、あるいはそもそもジェンダーに属していない人もいるということは大変重要だ。

運動を築くのは人のつながり

自分たちの運動のあるべき姿にたどり着くまでには、多くの障害がある。こうした障害は残念ながら、運動の内にも外にも存在する。トランプのような政治家やトランプ流の政治が全米に広がっている時代には、抑圧が強化され、制度的な人種差別が固定化し、弱肉強食の資本主義が拡大し続ける。この状況は、私たちの運動にとって、大きな障害として立ちはだかる。しかし、自分たちの運動の内部にも発展を阻むものが存在する。

私たちの運動は、私たちの現在、そして未来の最善の状態を反映せずにはおかない。

私は成人してからずっと、この国のあらゆることを変える勢いで、積極的に運動に関わってきた。あるときは、経済格差を是正する運動に、またあるときは、国内外で協力を促進し、公正な社会を築く運動に関わった。地域住民が意思決定の場に参加する権利を守る運動にも取り組んだ。個人としての力と連帯して生まれる力を最大限引き出してくれた運動もあった。こうした運動を構築することと、今私たちを脅かしている保守的な運動は、正反対のものだ。保守派の運動は、すべての人が良き生活を手にできるよう富が分配されるのでなく、少数の手に富を集中させるためのものだ。非白人と労働者を隷属させるものである。保守派は、キリスト教保守の潮流と新自由主義を目指す潮流が合流して、多くの人の基本的人権の実現を困難にした。

この国を牛耳り、外交さえも左右する保守派運動を打破して勝利するには、断片的で分裂した視野の狭い運動から、皆が同等の立場で協力し合い、広く繋がる運動を目指さなければならない。カニエ・ウェストの言葉を引用するなら、私たちは「間違ったことを心配※」し、些細なことに一喜一憂しすぎているのではないかと危惧している。

私の師や研修講師や相談相手の多くは、自分たちの運動の輪を拡大するのではなく、縮小していくというパターンに陥ってしまっている。彼らは、自分と似た考えの人を探そうとし、考えの違う人と関わることに不安を感じている。彼らは似た考えをもつ人たちを見つけ、自分たちの考えを声を大にして訴えていれば、いつか力を築けると思っている。公平を期すために言うと、私たちは誰もが、ある程度は、自分の仲間を探し、自分の属する場所、自分らしくいられる場所を探している。しかし、小さな存在にとどまっていては、政治でもなんでも力を築き上げることはできない。自分と考えや経験を共有できる人たちと一緒にいることは確かに居心地がいいかもしれないが、運動を築き上げるには仲間を見つけるのではなく、共通の目標に向けて、違いを乗り越え仲間を増やしていくことが必要なのだ。そうしてはじめて私たちが当面する問題を解決することができ、自分たちの考え方や表現の

第8章　運動の意味

今日、運動と名の付くものの多くは、真の運動ではない。女性が人間らしく生きること、トランスジェンダーの人々の殺害、動物の権利、高齢者介護など、自分たちが情熱をもっている課題について運動を始めるにはどうしたらいいか、と聞かれることがよくある。私の答えはいつも同じだ。自分と同じことを大事に思っている人を見つけて、その人たちと連帯しなさい、と。

自分が始めたいと思っている運動について言及するときは、たいてい何かを急激に拡散したい、つまり、もっと多くの人に関心をもってもらったり、もっと人目につくようにしたいと考えている場合だ。だが運動というのは、単に知名度が上がったり急速に拡散したりすればいいかというと、それは違う。真の運動は、何らかの変化を成し遂げようと全力を注いでいる人々で成り立っている。私たちが求める変化は、ネットで拡散すれば実現できるものではない。私たちが求める変化は、絶えず組織化を続けることによってのみ、達成できるのだ。

運動は、個人、組織、制度から成っている。運動は、法律や文化を変えたりするために人々をつなぐ。成功する運動は、メディアや文化というツールを駆使している。それらを使って、自分たちが求めているることを伝え、「もう一つの世界」がどのような形をとり、どのように感じられ、どのようなものになりうるのかを描く。すでに賛同している人たちだけでなく、傍観している人たちにも伝わるようにメディアを使うのだ。

変革とは、ごく少数の特別な人たちが、突然、奇跡のように何百万もの人々を動かして起こる、と信じている人が多い。しかし実際は、何百万という人々が一定期間、時には何世代にもわたって継続的に関わり、献身的に打ち込んでいるから起きるものなのだ。公民権運動の高揚期を、マーティン・ルーサー・キング牧師やローザ・パークス、あるいはマルコムＸだけの功績にしてしまうと、ＮＡＡＣＰ（全米黒人地位向上協会）やＳＣＬＣ（南部キリスト教指導者会議）のような強力な団体が組織化によって運動に貢献したことがなかったことになってしまう。パークスは、長時間労働を終えて、ただ疲れていただけの女性になってしまう。同様に、歴史上に残るモンゴメリー・バス・ボイコットも、戦略的に組織化された直接行動ではなく、自然発生したことになってしまうのだ。

組織は、運動にとって決定的に重要な構成要素である。人々が居場所となるコミュニティを見つける場所であり、自分たちの周りで何が起きているのか、それがなぜ起きているのかを学ぶ場所である。そして、それによって誰が得をし、誰が害を被るのかを学ぶ場所である。組織とは、行動を起こすスキルを身につけ、法律を変え、自分たちの文化を変えるために組織化するスキルを身に付けるところだ。私たちのコミュニティが直面する問題について何ができるかを決めるために、つながるところだ。

運動に参加するには組織の一員である必要はないと主張する人もいるだろう。そのとおりだ。しかし、成功している持続的な運動の一員になりたいのであれば、組織が必要である。

多くの人は政治組織を非営利組織（ＮＰＯ）と混同している。私は、イッサ・レイのコメディ・ドラマ「インセキュア」に出てくるWe Got Y'allのようなＮＰＯにいくつか参加したことがある。リーダーは特権をもつ白人で、支援の対象としているコミュニティとは表面的なつながりしかなく、実態は、問題解決よりも、組織の存続と資金源の維持を目的とした慈善事業が基本の団体だ。多くの運動団体はこのような組織ではないが、それにしてもこうした類の団体はあまりにも多い。政策を変え、それを実施させるための効果的で戦略的、かつ協働的なしっかりとした組織や制度をもたないからである。右派の方は、思想的リーダーが存在し、実証や政策策定も行うほか、文化の領域にまで関わるような組織や制度を複雑に張り巡らせている。

組織することによって、意思決定者に対して自分が相対的にどの程度の力をもっているかを表すことができる。たった2名しかいない労働組合が、１０００人の労働者を抱える経営者と交渉している、と想像してみてほしい。学校の先生たちが賃上げ交渉をしようとしているものの、組織化には反対しているため、一人ひとりが個別に自分の給与と手当てを要求している、と想像してみてほしい。組織とは、協働を促すものだが、相対的な力と影響力を外部に示す存在でもあるのだ。

抗議行動はいずれは徐々に収まっていくものだ。その後、人々はどこで行動を続けるのか。スキルを磨き、組織化のツールを手にするため、どこでもっと学べるのだろうか。

運動を起こすためには、ソーシャルメディア（ＳＮＳ）上で多くのフォロワーがいなければならない、という考えは広く受け入れられている。確かにツイッターで多くのフォロワーがいれば影響力を発揮できるかもしれないが、それは運動が成果をあげるために必要とされる要素の一つに過ぎない。

良い例がある。２０１６年、ＳＮＳで有名なディレイ・マッケソンが、ボルチモア市長選挙の民主党予備選に出馬表明した。ボルチモアで生まれ育ち、ツイッターで30万人以上のフォロワーがいる彼は、自分には、市長選予備選で勝利するのに十分な知名度と政治的信頼があると踏んでいた。人気出会い系アプリのジャックトは、全ユーザーに対して、マッケソンへの投票を促すプッシュ通知を送った。結果はこうだった――マッケソンの得票率は２・６パーセント、得票総数は３４４５票だったのである。予備選の勝者は４万８０００票を集めた。選挙の得票数としてはかなり少ないが、対抗馬のSNSのフォロワー数との関係で見ると、この差は大きい。

運動を築くには、ただ傍観するのではなく戦略を立て、受け身で過ごすのではなく先頭に立って訴える人にならなければならない。SNS上でならば厭わずできていることでも、日常生活でも必ずそうできるわけではないのだ。運動の構築と運動への参加には、継続的かつ積極的な関与が必要であり、だんだんと密接に関わっていくようにしなければならない。ただ署名をしに来ることから始まったとしても、友人を９人※巻き込むようになり、次第に戦略設計を手伝ったり議員に圧力をかけることへ関わり、そしていずれはグループを率いるようになっていかなければならない。

成功している運動は、幅広い層にとって魅力的である。単に運動体の名が知れ渡っているというだけでなく、その運動が勝利すれば、生活の質が変わるとわかっているから誰もが参加したくなるような運動になっている。運動とは、何らかの形で社会から取り残されてきた人々を受け入れ、こうした人々を社会の片隅から中央へと動かす。運動が目指す変化とは、今まで目立たなかった人々の存在に光を照らし、社会や経済や政府から全く重要でないとみなされている人々を可視化することだ。

「インターセクショナリティ（交差性）」とは、良い意味でも悪い意味でもさかんに使われる言葉だが、誤解が多い。インターセクショナリティの理論は、むしろ実践において力を発揮し、人種分離政策に関する先入観を正し、今なお残る人種差別の遺物をなくすのに役立つ。そうすることで、少数の手に権力が集中することを阻止できるのである。

先述したように、インターセクショナリティは１９８０年代後半にキンバリー・クレンショー博士によってつくられた言葉で、権力の作用を理解するのに有用である。クレンショーが書いているように、「誰も取り残されない」ための思想でもある。これまで人々がどのようにして、なぜ取り残されてきたのかを理解し、今は目立たない人々の存在を可視化することで、変化のためのロードマップを示すものである。そうすることで、私たちはより多くを勝ち取るために、より多くの要求をしっかり準備することができるのだ。

インターセクショナリティの本来の意味

正義のために運動しているはずなのに、その運動体がまさに変えようと思っている組織や制度と同じ差別構造に陥ってしまっていることに驚くことがある。私はこれまでに大小、何千という会議や大会やキャンペーンに参加してきたが、実現したいと思っている社会像を自分たちの間で実践できない姿をたくさん見てきた。もっとも急進的な組織でさえ、公言している理想に届いていないことはよく

※　一人のオーガナイザーが少なくとも９人を勧誘することで運動の輪が広がっていくという組織化の考え方。

ある。これまでどれほど多くの組織が、「女性の仲間たちを中心に」といった価値観を掲げていながら、感情労働※や事務作業の大部分を女性が行い、知的な仕事はほとんど男性が行っていることに気づかないふりをしてきたことか。私が10年間関わった組織では、会員もスタッフも大半は非白人の女性で、男性はほんの数人しかいなかった。女性たちは、会員との関係構築から、新規会員の勧誘や住民集会の開催、さらにミーティングの準備と後片付け、協働団体や協力者との難しい力関係の中でのやりくり、資金調達や会員間のいざこざへの対応まで、組織運営の大部分を担っていた。その一方で、男性たちは、運動には何が必要で、どこへ向かうべきかなど、男同士で夢を語っていた。

　運動仲間は何度となく、私のことを「シスター」やら「クイーン」などと呼ぶのに、その組織の活動が、私の生活の質をどう変えるのかというビジョンを示すことはなかった。まるで、私が戦略家でも、戦術家でもなく、グループのリーダーでもなく、他の誰か――たいていは異性愛者の男性――の生活の質を向上させるための手段として存在しているだけのように思えた。

　私にとって、インターセクショナリティとは、実体験から切りはなして知的なレベルで語るべき問題ではない。私の関心や経験やニーズが、組織またはその取り組みにとって必要でなかったり、成功するために必要でなければ、たとえ私自身が運動に招かれたとしても、その運動はインターセクショナルとは言えない。

　インターセクショナリティは、多様性《ダイバーシティ》や代表性《リプリゼンテーション》の同義語として使われることがある。車の相乗りのことをインターセクショナルだと説明するのを聞いたことがあるが、その言い方は実は、車で相乗りしている人たちが多様だ、という意味なのだ。運動のリーダーたちが、人種、階級、性別を超えてあらゆる人たちをまとめているると言っているつもりで、自分たちはインターセクショナルなオーガナイザーだと主張しているのを聞いたこともある。多様性とは、一つの場所に様々な背景の人が来ているときに生じる。代表性とは、これまで含まれていなかったグループが含まれていることだ。インターセクショナリティとは、誰一人取り残されないように、私たちが周りに気遣うことによってはじめて自覚できる。インターセクショナリティとは、表面的なレベルでメンバーに加えるだけ（あるいは単に、誰もがきちんと代表されているようにすること）にとどまらず、組織内の差別的関係やその運動体の目指す目標に反することがないか厳しく検証することである。

本当のところ、インターセクショナルではない運動があまりにも多すぎる。こう言ってしまうのは重大発言だし、心も痛む。黒人が尊厳と機会を得る権利を求めて闘い、命を落としている中で、「全員で目標に到達するか、さもなければ誰も到達しない」という思いで連帯するよりもむしろ、勝手に他人を踏み台にして利用し、自分だけそこに到達しようとする人もいる。投票権や公民権から中絶する権利にいたるまで、誰かが取り残されたら、それは運動の失敗を意味するのだということを、私たちはまだあまり理解していない。

インターセクショナリティは、「抑圧のオリンピック」ではない。つまり、抑圧に甲乙をつけるようなことはしないのだ。「私は黒人女性なんだから、あなたは私には何も言えないわよ」などと言うのは、まさにこうしたランク付けの表れである。誰に発言権があるかを決める目安として、一部の活

※　看護師、介護職など、人と接し、感情の抑制や忍耐が求められる性質の労働

動家が「インターセクショナリティ」を間違って使っているのを聞いたことがある。自分たちの行動や振る舞いだったり、その影響力に対する正当な批判を聞きたくないがために、この言葉を使う人もいる。活動家が「インターセクショナリティは白人女性に当てはまらない」などと言うのを聞いたことがあるが、これは矛盾している。インターセクショナルであるには、様々な形で社会から取り残された人たちの経験を考慮しなければならない。クレンショーは次のように述べている。

私が言うのは、黒人女性は、白人女性や黒人男性が経験するのと同じような差別も、違う形の差別も経験することがありうる、ということだ。黒人女性は白人女性の経験に似た形の差別を経験することがあり、黒人男性と非常に似た差別体験をすることもある。しかし、黒人女性はしばしば二重差別――人種にもとづく差別と性にもとづく差別が合わさって起こる結果――を経験する。そして時には、人種差別と性差別の合算ではない、黒人女性としての差別を経験することもあるのだ。（「人種と性の交差性を脱周縁化する」『シカゴ大学法務フォーラム』１４９頁）

クレンショーはここで、インターセクショナリティは、二重、三重の差別を経験しているグループが、同じ状況にある他のグループを差し置いてではなく、そのグループとともに、自分たちのニーズを満たしていくにはどうしたらよいかを検討する枠組みである、と指摘している。これが重要なのは、私たちが、なぜ、どのようにして、特定の人たちを置き去りにしているかが明らかになるからである。自分たちが目指す社会を実現する機会を逃していることに、初めて気づくからである。

インターセクショナリティは、他のグループが現実に抱える問題をないがしろにしてもよいということではないし、自分の体験が真の差別であるかどうかを決めるものでもない。例えば、黒人女性の経験は白人女性の経験よりも重要であるとか、正当性があるなどということでもない。そうではなく、ジェンダー不平等について語るとき、なぜ白人女性の経験が基準になるのか、と問いかけているのだ。インターセクショナリティは二つのことを言っている。第一に、白人とは異なる視点で世界を見ることで、権力がいかに不均等に配分されているか、そしてその根拠は何かが見える。第二に、私たちの闘いが目指す世界、私たちの未来のための要求が、疎外されてきたすべての人のニーズを満たすものでなければならない、ということだ。

インターセクショナリティがなぜ重要なのか。それは私たち皆に、尊厳ある人生を送る権利があるのかどうか、それを決定付けるからだ。黒人男性や黒人少年が犯罪者に見られてしまうことには関心が向くのに、黒人女性や黒人の少女も同じように見られているにもかかわらず、なぜ同じ関心を払わないのか――。インターセクショナリティは、そう考えるよう私たちに問いかけているのだ。障害をもつ黒人は警察に殺される可能性がもっとも高いのにほとんど注目されず、身体的障害のない黒人男性が警察に殺されると注目されるのはなぜなのか――そう追及するよう私たちに問いかける。インターセクショナリティは、社会からどういう人たちが取り残されているのかをよく見るように求めているが、取り残された自分たちも、どのようにして、またなぜ他人を排除しているのかについてもよく考えるよう強く求めてもいる。インターセクショナリティは、私たちが皆とともに、さらに強くなれるよう、互いに対してより良い存在であることを要求しているのだ。

第９章　団結と連帯

人口統計の属性ごとに組織化すると、人種の違いを超えた運動は可能だろうか。多人種の運動に、黒人の団結の場はあるのだろうか。

私は、長い間、この問いに対する答えを探している。一方では、組織化の現場が多様でないことに困惑する白人たちと議論をしてきた。そういう人たちからこんなことをよく聞かれた。「なぜこの組織では私の居場所がないの？」「自分の人種だけを組織化するのは人種差別ではないの？」。「黒人が自分たちだけで組織化したら、多人種の運動を起こすことができないのでは？」と質問されたこともある。

私は、抑圧された人たちの連帯を大切にする伝統のもとで育った。第三世界女性同盟（Third World Women's Alliance）のリーダーであり、私の親愛なる友人であり師でもあるリンダ・バーナムは、非白人が共通の大義でまとまるように、「ピープル・オブ・カラー」※という言葉を使い始めた。平和や協働にもとづく搾取のない経済、そして完全な民主主義を目指すグローバルな運動を構築するためには、抑圧されている人たちが、共通の利益と経験を見出さなければならない。

私自身が携わってきた長年の活動の中でも、黒人とラティーノたちが自らのため、また互いのために闘おうと集まり、連帯し共闘し、運動を築くという場面に立ち合ってきた。この共闘の中核となっている概念としてよく使われていた言葉が、「ブラックとブラウンの団結」（黒人をブラック、ラティーノをブラウンと表現している）である。この共闘は、白人至上主義を打破し、真の民主主義をつくるために非常に重要な戦略である。結局のところ、ピープル・オブ・カラーは世界では多数派であり、アメリカ全土でますますそうなっているのだ。白人至上主義的な政策とその実施によってはじめて、少数派である白人は多数派を支配できることになる。そしてこうした政策実施のカギは、多数派である非白人が団結しないようにすることなのである。

しかし私は、こうした共闘関係は、今や共通理解として実践されてはいるものの、現実には表面的なものが多く、時に都合よく使われることすらあるという気持ちがどうしても拭えずに、長い間悩んできた。団結はもちろん重要だ。しかし、ラティーノのコミュニティにおける反黒人感情や態度といった複雑な矛盾に向き合うことを避けていては、本物の団結は生まれない。私たちは自分たちが団結している根拠を厳密に考えないことが多い。その団結を深め持続させるためには、互いについて何を学び、何を学び直す必要があるのかを、考えるべきなのだ。ピープル・オブ・カラーは共通の経験にもとづいた共闘と思い込んでいる人が多いが、実際は異なる経験をもちながらも搾取や抑圧を同じくすることで共闘しているのである。団結と表現することによって、黒人の多様な経験が、アメリカ黒

※　直訳すると「肌に色のある人々」となるが、非白人という共通の概念を用いることで白人の特権に対して様々な人種的マイノリティが一つにまとまることを目指している。

人の経験として平準化されてしまうことがあまりにも多い。アメリカの黒人コミュニティの中には、例えばアフリカ系移民や、ラテンアメリカおよびカリブ海全域のアフリカにルーツをもつ人といったように、それぞれに独特で他とは異なる経験があるのだ。

私たちがブラック・ライブズ・マター運動を始めたばかりのころ、がっかりすると同時に、さもありなんと思った経験がある。黒人に対する抑圧の具体例を問題として取り上げると、ピープル・オブ・カラーの共闘を損ねると感じている人々（私は「ブラックとブラウンの団結擁護派」と呼んでいる）がいたからだ。また、連帯するとは、「ブラックとブラウンの団結擁護派」のもとで黒人がまとまって、組織化するものだ、と考えている人もいたからだ。私にとってこのことは、本当の意味での連帯とは何かを考えるきっかけとなった。連帯とは、穏便にやっていくために自分たちの固有の経験や問題を曖昧にすることなのか。それとも、「違い」という泥沼の中で一緒に立ち、私たちを集団的に不幸にした人々によって分断されまいと決意することなのか、という問いである。

２０１４年、私は左派の戦略課題に取り組むために結成されたある組織の一員になった。私たちのコミュニティをこれほど不幸にした勢力を阻止するためには、何が、そして誰が必要か、どうすれば勝利に必要な条件を生み出す勢いを築くことができるか――こうした課題に取り組むことを目的としていた。集まった人たちはそれぞれ、教育の公平性と正義、経済的正義と労働者の権利、気候正義と環境レイシズムといった様々な社会問題で活動していた。権力との力関係をより深く構造的に理解し、そうした関係を断ち切り、作り変えるために集団的に行使する戦略をつくるのだというやる気に満ちあふれていた。

その組織に加わることができ、私はいろいろな意味で心から嬉しかった。私と同じように、皆の生活を向上するために日々活動している人たちとともに仕事をするのはすばらしく、経済に関する複雑な理論を探求したり、現在や過去の社会運動の長所と短所を分析したり、自由のための制度とはどうあるべきかを考えたりする活動が大好きだった。

しかし、組織戦略から活動方法、具体的実践までを企画する中で、黒人はほんの一握りしか関わっていないことが多く、私はそのわずかなメンバーの一人だった。労働者階級の黒人はほとんどおらず、グループのリーダーとなると、さらに少なかった。珍しく黒人が多く参加している場合には、私たちはブラックとブラウンの団結を築くことに注力すべきなのだから、ラティーノの人も参加するようにもっと気をつけるべきだ、と決まって誰かが言ったものだ。

そして、ついに事件が起きた。

ブラックとブラウンの団結に必要なこと

ある日の午後、私たちは組織運営について話し合っていた。議題に上がっていたのは、将来の政治教育のための課題を考えることだった。新しい人が参加しやすいように、ウェビナー方式で会議を開催していた。また、ベイエリアやカリフォルニア以外にも活動を広げるために、関係を築くべき組織や個人を提案することも議題に上がっていた。

テーブルを囲んでいたのは、アフリカ系アメリカ人３人（男性１人、女性２人）、ラティーノ女性２

人、白人男性１人、アジア系男性１人だった。

政治教育についての話し合いで、私は、全米だけでなく世界でも急速に広がり始めていたブラック・ライブズ・マターと黒人の抵抗についてのセッションをしようと提案した。そのときまでに、パトリスとオパールと私は、ハッシュタグを編み出し、オフラインでも一緒に行動を起こせるようにオンラインで人々をつなぐソーシャルメディアのプラットフォームを構築していた。そして、レニーシャ・マクブライド殺害にかかわるテッド・ウェイファーの裁判について全米をつなぐビデオ会議を行い、ファーガソンへのフリーダム・ライドを組織し、信じられないほどの成功を収めていた。ブラック・ライブズ・マターは、アイデアとしても、要求としても、そして新たな組織としても大きく発展し、国内でも世界でも注目を集め始めていたのである。

それに対して、ラティーノ女性の一人が「最近、黒人についてたくさん話し合っていると思うけど。ブラックとブラウンの団結について話さないと、団結力が失われてしまうんじゃないか心配。代わりに移民のことで何かしない？」と答えた。

私は顔が赤くなり、全身がかっと熱くなったように感じた。「あなたの言っていることはちょっとよくわからない。黒人は全国で、警察や国家の暴力に対して積極的な抵抗運動を展開しているんだよ。なのに、あなたは私たちがその話をしすぎてるって言うの？」

「そんなこと言ってるわけじゃないよ」と彼女は口ごもった。「私はただ、黒人とラティーノがこの瞬間にともに立ち上がって、それぞれのコミュニティが直面している闘いについて、バランスよく理解しなくちゃならないと十分話し合っていないのが気になっただけだよ」

これはもちろん、不毛な議論だった。黒人の抵抗について話すことは、ブラックとブラウンの団結を妨げるものでもなかったし、ラティーノの人々がこの抵抗運動に関わるのを妨げることになるはずもなかった。だがこの会話は、私たちの共闘の基盤を、どう強化できるかということに焦点を当てて話し合われたものではなかった。ブラックとブラウンどちらの問題なのか、そして、その問題の議論に、どれだけの時間が配分されるべきか、といった狭い理解をめぐるものになってしまったのである。世界中の黒人が警察や自警団によって殺害されていることに異議を唱えて立ち上がっているときに、多人種の団結を築くためのプロジェクトに参加していて、「黒人についての話をしすぎている」と言われるとは、どういうことなのだろうか。

また、移民について話すことは純粋にラティーノだけの問題である、とほのめかすことは、同じくらい腹立たしかった。人種のせいで犯罪者にされ、国籍が取得できないという理由でも犯罪者にされる黒人移民は、二重の危険に晒されているが、そういう黒人は抵抗運動に参加していないと言うのか。多人種の組織化において、時々の課題に優先的に取り組むことができないとはどういうことか。それは、少なくとも40年ぶりに世界中の黒人たちが蜂起していることに、相応の関心とエネルギーを向けられないということではないか。そのときまさに私たちの間で起こった、極めてあからさまで基本的な反黒人主義にきちんと向き合わず、まるで衝突が単に個人間のものであり、イデオロギー的なものでも制度的力関係の表れでもないかのように、議論が深められなかったのは何を意味していたのか。

こうして何カ月も過ぎた。黒人が全米で抵抗していることを表向きは認めてはいたが、私たちが一緒に作っているこのプロジェクトに、どうしたらもっと多くの黒人を巻き込めるか、ということを中心には話し合われなかった。ついに、数人の黒人メンバーが、全国で爆発的な動きが起きていることについてもっとよく知ろうとコーカス〔組織内のグループ〕を結成した。自由のための運動を企画するために結成されたはずの組織の中で、そんなことをしなければならないのは、いろいろな意味で打ちのめされる思いだった。しかし、それでも私は、軟弱な多人種主義のただ中にぽつんといながらも、自らの居場所を切り開いた黒人の創造力に、改めて感謝を覚えた。黒人に多額の予算を投入しない社会主義の実現などありうるものなのだろうか。

黒人の抵抗と自由のための運動を積極的かつ盛大に歓迎し、研究し、参考にしない運動には、私は非常に懐疑的である。過去の黒人指導者を讃えるだけでは十分でない。黒人が組織化することは、それ以外の人々が取り残されることを意味するのではないか、という懸念を払拭しなくてはならない。私たちはさらに先を行き、この国では黒人の解放がすべての人を解放する鍵であることを認識しなければならない。それ以上に、私たちは深く強固な共闘を築くことにもっと熱意を注がなくてはならない。表面的な団結は、圧力を受ければ必ず崩壊する。私たちは、新たに連帯することに心を砕くあまりに、連帯し続けるための努力をないがしろにしてはいけないのだ。どんなに親しい人間関係にも、互いの努力とそれぞれの努力が必要なように、団結にも努力が必要なのだ。

結局、不満に耐えかね、私は組織を脱退した。辞める理由は、限られた自分の時間で、黒人解放運動の次の段階を築くことに集中したいからだ、と説明した。私の心は今にいたるまで引き裂かれたままだ。私たち左派はこの国で、人間らしく尊厳のある生き方をみんなに示すことができる存在でなければならない。そのためには、黒人コミュニティが重要であること、その組織化がまだ十分でないこと、それは単なる文化的象徴ではないことを頭と心の両方で理解しなくてはならない。つまり、黒人コミュニティへの抑圧こそが、白人至上主義の支配を可能にしているのだと理解しなければ、団結や共闘に未来はない。

戦略を欠いたまま、代表性の原則にもとづいてあらゆるマイノリティを組織化することは、効果がないだけでなく危険でもある。多人種の運動に真剣に取り組もうとするならば、もっとも急進的な組織にさえ存在する反黒人主義を根絶するために努力することは必須である。これは、単なる考え方の問題ではない。黒人以外の人種的マイノリティは、自分たちの存在や、自分たちの出自の物語を黒人性や黒人と対立するものとして教えられてきたことを自覚する必要がある。アジア系や太平洋諸島にルーツがある人々は、この国で抑圧されているにもかかわらず、その多くが、黒人や黒人性から距離を置こうと必死である。すべての移民は、黒人だと思われないように黒人には近づくな、と教えられている。反黒人主義によって機能する白人至上主義社会の中で、あらゆる形の反黒人主義を打破せずに多人種の組織や運動を構築することは、運動にとって何の役にも立たない。

ブラック・ライブズ・マターから「ブラック」を消す

黒人が集まり、一緒に過ごす時間を大切にし、黒人でない人たちの視線を感じることなく互いに愛情をもって接するのは、白人にも黒人以外の人種的マイノリティにとっても危険に見えるのかもしれない。他のコミュニティからの監視するような視線や、時に偏見に満ちた視線を気にすることなく、黒人同士が癒しを求め、苦しみを共有したり、戦略を立てたり、喜び合うのだって構わないじゃないか。これまで、愛する人たちと数えきれないほどそういうことを話してきた。一部の非黒人の活動家は、こういう集まりはあまりに排他的で分断のもとだと感じている。黒人が集まって、互いの人間性を肯定し合い、互いの尊厳のために闘ったり、「黒人ではないコミュニティと議論するのは難しく疲弊することが多い」などと話し合うことは、非黒人の活動家にとって多人種の運動を構築する可能性を脅かしてしまうようだ。

ここで問題なのは、当然のことながら、特に黒人が本領を発揮し、生き生きと運動に参加しない限り、またそうなるまでは、多人種の運動は存在し得ないということだ。そのために、アメリカで黒人として生きるとはどういうことなのかをめぐって、ともに築き上げ、互いを触発し合い、慰め合うための場が必要なのである。

白人がオール・ライブズ・マターやブルー・ライブズ・マター〔警官の制服がブルーであることから、警官の命も大事だという意味〕を提唱しただけではない。黒人以外のマイノリティは「ブラック」を、他のアイデンティティと入れ換えた。ブラウン・ライブズ・マター、アジアン・ライブズ・マター、ネイティブ・ライブズ・マター、と。

ある意味、理解はできる。人種的マイノリティのコミュニティは、孤立と怒りの中で社会から取り残されている。私たちは、あまりにも多くの側面で無力であるため、あるグループの独自の抑圧や権利剝奪の差別構造が広く一般に認知されたとたん、より包括的で曖昧な議論ができる場を求めて、その運動に乗っかるものだ。

しかし、ブラック・ライブズ・マターが突破口を開いたとき、その派生版のスローガンは反黒人の差別主義に染まり、ブラック・ライブズ・マターから文字通り黒人《ブラック》を消し去ってしまった。皮肉にも、私たちが訴えたかったことをまさに証明していた。

黒人の命は大切だと宣言するのは、黒人以外の人々、特に黒人以外のマイノリティの命の大切さを否定しているわけではないと理解すべきだ。しかし、私たちの社会では、黒人の生命は独特な形で、組織的に攻撃されている。ブラック・ライブズ・マターの必要性は、この文言自体に表れている。この社会では、黒人の命には価値も何もないからこそ、私たちは、ブラック・ライブズ・マターと言わなければならないのだ。

しかし、スローガンの派生版を使うことによって、私たち黒人に固有の経験が、意図してかしないでか、ないことにされてしまうのだ。なぜ黒人は全米人口の12パーセントでしかないのに、現在刑務所や拘置所の収容者の33パーセントを占めているのか。なぜ黒人女性は白人女性の２倍近い割合で収監されているのか。なぜ黒人女性の妊産婦死亡率ははるかに高いのか。こうした経験がなかったことにされてしまう。

誰かの痛みについて話を聞いても、その後で自分のことに話を戻してしまったら、それは連帯を表していることにはならない。連帯とは、私たちのコミュニティが、それぞれ経験する固有の抑圧や社会からの疎外を理解しようとすることだ。連帯とは、互いの闘いの現場で体験をともにし、他方のコミュニティが直面している困難を自分たちの課題として取り組むことなのだ。親友からパートナーと別れるのだと相談されたとき、涙ながらに話す親友の話を中断して「私も別れたことがある！　私の破局について話してあげる」と言うのは、連帯ではない。連帯とは、相手の話を聞いて、質問をし、彼女のためにその場にいることなのである。気持ちを発散させてあげて、彼女が人生を立て直す方法を見つけられるよう手を貸し、支えてあげることだ。別れを経験することは、抑圧されたコミュニティが互いを支え合うのと同じではないが、良い友人になるための教訓には、より広く社会でも活かせる教えがある。

運動には、連帯がとにかくあまりにも表面的な部分がいくつかある。ただ近くにいるだけ、そして空虚なスローガンだけの連帯なのだ。抑圧され、コミュニティが混乱したり疎外されたりする中で、本当に仲間を支えるために必要な活動をしていない。私たちがまずここで真の連帯を実践しなければ、世界中で抑圧されている人々と連帯を築いていくことはできない。

黒人だけによる組織化の限界

黒人が、組織化された強力な政治勢力になろうとするなら、微妙な違いや矛盾も全部ひっくるめて、違いを乗り越えるために結集するべきだ。私たちが成し遂げなければならないことはまだまだある。黒人コミュニティは、非生産的な形で自分たちを分断してきた。肌の色の濃淡、体の大きさ、身体的に可能なこと・不可能なこと、誰を愛するか・誰に惹かれるか、出身地、価値観や世界観といったものが分断の要因となってきた。こうして分断された関係を構築・再構築し、互いの関係性を変えなければ、同じように抑圧を受けている他の仲間とともに、団結して闘いに勝つことはできない。

票を勝ち取ろうとする意図的な政治戦略によって支持されていたことを、私たちは認めねばならない。

実際クリントンは、白人有権者に影響を与えるため、黒人コミュニティに対するステレオタイプに頼った戦術をとった。２００８年、クリントンが初めて大統領選に出馬した際、イリノイ州上院議員だったバラク・オバマと対決した。選挙中、クリントンは、オバマがジェレミア・ライト牧師を介してネイション・オブ・イスラムのルイス・ファラカーン師とつながっているという白人有権者向けの犬笛メッセージを発した。ライト牧師は、説教で「神はアメリカを呪う」と宣言して一部の人から批判を招くなど、物議を醸すような発言が多々ある人物だった。クリントン陣営は、ソマリアの衣装を着た２００６年のオバマの写真を流出させた。これは９・11以降の状況下で、いわゆるイスラム教徒のテロリストに対する恐怖をかき立てようという思惑を露骨に表した企みだった。二度目に立候補したときには、自分が推進してきた政策が、人口に比して黒人コミュニティに過度の打撃を与えたことを議論しなければならなくなり、不機嫌になった。クリントン夫妻は、１９９０年代初頭から２００１年までの政策を中心になって推進したのは黒人コミュニティ自身だったと、今でも主張する。つまり、高齢女性は麻薬の売人が近所にたむろしているため家から出るのを恐れていたし、教会の説教師はコミュニティの若者を埋葬することに疲れていた、銃による暴力で家族を何人も失った人たちもいた――こうした黒人がクリントン政権の政策を求めていたというのだ。法学者のミシェル・アレグザ

※　連邦上下院は毎週1回朝食会を開催して議員が交流する。全米祈祷朝食会は年に一度の総会で、大統領、両院議長のほか、世界各国の要人が３０００人以上集まる。

ンダーは、『新たなジム・クロウ法』というベストセラーの著者でもあるが、２０１６年の記事で、クリントンのこうした自己正当化について辛辣に書いている。記事は、夫が大統領であったときクリントンが、こうしたステレオタイプの推進に受け身的ではなく積極的に関わっていたことを有権者に思い出させる内容で、クリントンが不当に憎まれているという考えに対して積極的に反論した。

何年も前の夫の政策を理由にヒラリー・クリントンを断罪するのはフェアでないと言う人もいるかもしれない。しかし、ヒラリーはファーストレディーだったころ、悠々と陶器を選んでいたわけではないのだ。彼女は勇敢にも型を破り、これまでどの大統領夫人もしなかった方法で、ファーストレディーの仕事を再定義した。彼女はビルのために選挙運動をしただけではない。……彼が当選した後、法律や他の施策を推進し、権力を行使して、多大な影響を及ぼしたのである。……もちろん、多くの黒人も「ゲット・タフ（たくましくなろう）」運動に参加していたことを考えると、黒人をあれほど厳しく罰したことでクリントン夫妻を批判するのは不当だと言えなくもない。……しかし、しばしば見落とされていることだが、こうした黒人活動家や政治家のほとんどは、タフさだけを求めていたわけではない。彼らは学校への投資やより良い住宅、若者のための雇用プログラムだけでなく、景気刺激策や必要に応じて受けられる薬物治療、医療へのアクセス改善なども要求していた。それでも結局、警察の取り締まり強化と刑務所の収監率を上昇させてしまった。これを黒人が望んでいたことだと表現するのは、控え目に言っても、誤解を招く言い方だ。

残念なことに、クリントン夫妻は、私たちが肌で感じる不安や恐怖や苦しみを、自分たちの政治的目的のために利用した。黒人コミュニティの問題を本当に解決するためではなかったのだ。アメリカ全土の黒人コミュニティを弾圧することで、クリントン夫妻は、アメリカで、そしてひょっとしたら世界でもっとも大きな権力と影響力を誇る一族として名を連ねることになった。福祉改革から大量収監、ウォール街から戦争まで、自分たちに近い有力な利害関係者の野心を満たすために、アメリカの黒人社会を利用した。黒人コミュニティの友人として見られれば見られるほど、彼らにとって有利となった。しかし、実際は、クリントン夫妻は黒人コミュニティのためにほとんど何もしなかった。

バーニー・サンダースは、若い有権者、特に若い白人有権者を集め、民主党予備選でクリントンの手強い敵になった。それでも、若い黒人有権者は、クリントンにサンダースの2倍の票を投じた。クリントンは黒人有権者、なかでも比較的年齢の高い層の歓心を買い、サンダースは人種よりも階級を強調した。その間、右派と共和党は別の戦略を取った。恨みと怒りを扇動する戦略だ。共和党の候補者は多様で、様々な利益を代表していた。その中で勝ち上がったのが、オバマ大統領が再選した選挙以来勢いを増していた共和党の派閥に立脚した候補者だった。黒人大統領への恨みを利用し、政権をとって連邦政府の権限を縮小するという数十年来の政治的課題を進めると訴えて選挙を闘った。

私たちのネットワークや運動には、選挙に関わるつもりが全くない人が多かったが、その気持ちはわからないでもない。黒人大統領による政権が8年間続いたものの、アメリカの黒人社会に、約束どおりの希望と変化はもたらされなかった。確かに2期続いたオバマ政権ではかなりのことが達成された。少なくとも最近の歴代大統領の中では最大人数である7000人超を刑務所から釈放し、警察による人種差別的慣行がある管轄区域で監視を強化した。全米の警察署で差別意識や差別的慣行のもっともひどい署との間で協定書を締結した。また、保険会社や市場に任せていたら実現できなかったであろう健康保険を適用させた。

　とはいえ、失望することもかなりあった。何十万人もの移民の強制送還は、政党を問わず、他のどの政権よりも多かった。ラーム・エマニュエル※やアーン・ダンカン※※のような人物を大統領首席補佐官と、教育長官に任命した。この二人は私たちのコミュニティのもっとも重要な資源を民営化することに何の躊躇もしなかった。失業率は黒人住民も含め全体的に低下したが、アメリカの黒人の生活の質を向上させるために、大統領のイニシアチブで行われた経済政策はなかった。黒人、特に黒人女性は２００８年も２０１２年も、どの人種でも民族でもジェンダーでももっとも投票率が高かったにもかかわらず、だ。オバマは2期目当選後は、再選のプレッシャーなしに、黒人コミュニティのために本領を発揮することができたはずだった。しかし、結果的にオバマを支持して票を投じた多くの黒人は、自分たちが期待した希望と変化が実現されず、嘆くことになった。

　２００８年、２０１２年の2回に比べると、２０１６年は候補者たちが際立って対照的だった。アメリカ史上初の黒人大統領の8年間に育った若い世代は、60歳を超える白人ばかりの候補者たちが、中間層について語る光景に何の刺激も感じられなかった。なぜなら、多くの黒人有権者は徹底的な政策介入がない限り中間層になることは難しく、自分たちの公民権運動の真っ只中にいる若い黒人有権者（とこれから有権者になるさらに若い人たち）にとっては、想像力をかきたてられ、本気にさせてくれるような候補者は一人もいなかったからだ。運動が劇的な盛り上がりを見せていたというのに、ど

ブラック・ライブズ・マターが、組織として、運動として、民主党に疑問を投げかけることは重要なことだった。実際、不可欠だったと言っていい。民主党に左傾化圧力がかかっていなかったなら、公民権運動の最盛期を上回る数の抗議行動がアメリカ中で爆発的に広がっていたにもかかわらず、刑事司法改革や警察の暴力といった人種的正義の問題については議論されることもなかっただろう。

しかし、議論の中で決定的に重要な部分が一つ欠けていた。共和党の戦略と政策課題、それを後押しする運動についての議論である。2016年の選挙期間中、後に起こることを明確に予期する二つの銃撃事件があった。

2016年7月8日、テキサス州ダラスの警官が5人殺された。1週間余りたってから、ルイジアナ州バトンルージュで3人の警官が殺された。銃撃犯はどちらも黒人で元軍人だった。ダラスの銃撃事件の前日、ミネソタ州ファルコンシティでフィランド・カスティールが警官に殺害される映像が出回った。カスティール殺害の前日にはルイジアナ州バトンルージュでアルトン・スターリングが警官に殺害された。2週間で10人が死亡したのだった。

直ちにドナルド・トランプと共和党は、警察への攻撃をブラック・ライブズ・マターのせいにし始めた。アルトン・スターリングとフィランド・カスティールの殺害から注意をそらし、「法と秩序」

※　カリフォルニア大学サンディエゴ校名誉教授。ブラックパンサー党や女性解放運動、反戦運動などに関わる。刑務所制度を産獄複合体と呼び、犯罪を抑止するよりも刑務所事業の拡大と維持を目的としているとして解体を訴えてきた。2020年、米タイム誌が選ぶ「100ウィメン・オブ・ザ・イヤー」では、1971年を代表する女性として表紙を飾った。

を訴えて彼らの支持基盤を強化する機会に、これらの事件を利用しようとしたのだ。ダラスの銃撃犯が新ブラックパンサー党に所属していたことが大きく取り上げられた。バトンルージュの銃撃犯の場合は、犯行の責任は自分一人で取るという文章があったにもかかわらず、彼をどこかの組織に関連付けようとする試みが様々になされた。事件にトランプはこう応じた。

我が警察への野蛮な攻撃は、我が国への攻撃、我々の家族への攻撃に等しい。我々は警察と連帯して立ち上がらなければならない。警察が文明を無秩序から守る力であることを思い出さなくてはならない。すべてのアメリカ人には安全かつ平和に生きる権利がある。

こうした発言は、白人層という彼らの支持基盤に向けて、犬笛として考案された暗号化されたメッセージだった。トランプを支持する白人たちは国内の人口動態の変化や、警察や自警団による殺人がブラック・ライブズ・マター運動の影響で可視化されたことによる大きな社会的混乱を懸念し、経済の衰退を怖れていた。ここでトランプは、黒人コミュニティではなく警察が攻撃を受けているとおかた信じているブルー・ライブズ・マター層〔警官の命も大切と主張する人々〕に直接訴えた。この戦略的な意図をもったメッセージに対して、異議はほとんど出なかった。それは一部には私たちの失敗でもあった。ブラック・ライブズ・マターだけではなく、より良い世界を望むすべての人々の失敗だった。

選挙は重要だ。そして、選挙には結果がともなう。選挙運動がこのように展開することを予想しておくべきだった。私たちは今とは違う世界をつくるために闘っていて、闘いのための新たな筋肉をつけようとしている。私たち黒人は、政治家の今の関わり方と程度を容認してきたし、主要政党もそれを受け入れてきた。つまり、黒人コミュニティとの関わりは重視する必要はないということだ。選挙期間中や次の選挙までの期間に、政党が私たちのコミュニティのために、インフラを構築したり継続的に関与する必要もない。党の指導者たちが失敗しても、それについてきちんと責任を負う必要はない、ということなのである。

私たちが行った活動には重要なものがあったが、やらないと選択したものも確かにあった。そして、やらないという選択が裏目に出たのだ。私たちは、私たちの価値観や核となる政策をまとめて運動体を作り、候補者や公職者にロビイングできたはずだ。新たな時代を作りつつある今、現職の議員に会い、その影響力を使って、私たちが重要視していることを議題にするよう候補者に働きかけてもらえるか聞いてみることもできたはずだ。あのとき、私たちは、選挙戦略の必要性と、私たちが戦略を欠いていることの重大さをより真剣に受け止めて、選挙戦略をつくることもできたし、つくるべきだった。私たちは、全米で盛り上がっていた運動にしっかり応えるよう、候補者たちにプレッシャーをかける勢力を築くことができたはずだ。そして、実際には私たちは、組織として特定の候補者を支持しないという選択をしたのであるが、たとえそうだとしても、対立候補がもたらしうる危険をもっと真剣に受け止めるべきだったのである。

私たちの運動は生まれたばかりだったし、今も未熟だ。メンバーはまだ知り合って一緒に活動するようになったばかりで、選挙に対して私たちのネットワークの政治観を調整しているところだ。要するに、この運動はまだ進むべき道を探しているところなのだ。だが、この運動が正義に向かってこの国を押し進めようとしていることに非常に多くの人々から注目が集まる一方で、この運動が成功しないよう望んでいる人々は、運動と私たちを守るはずの制度を攻撃している。飛行機を飛ばしながら、その飛行機を造るのは難しい。敵の砲火を浴びていながら造るのも難しい。私たちは、より賢くなり、立場をより統一する方法で、ともにどう政治的に闘うべきかをまだ学んでいなかった。その結果、私たちはコミュニティを巻き込み、力関係を変えるための重要な機会を逃してしまったのだ。

とはいえ、こうした課題は、この運動や私たちの組織に特有のものではない。左派は、こうした疑問や矛盾に悩まされ続けている。私たちは、政府に対する深い不信感を当然、抱いているが、政府には与えられた役割を果たすためにもっと多くのことをしてもらいたいし、それを必要としている。私たちは政治家を好まないが、私たちを代表し、代わって決定を下すのは政治家である。私たちは権力の振るわれ方を好まず、権力に近づかないようにしているが、権力を覆すためには権力が必要なのだ。矛盾それ自体が問題なのではない。問題は、私たちが、自分の人生や私たちが決めかねているために苦しんでいる何百万人もの人生を変えられるように政治にどう影響を与えるかを決められないでいることなのだ。

本書を執筆している時点で、大統領選はもう始まっている……ようなものだ。民主党の予備選挙は例年より早く始まり、候補者は史上もっとも多様性に富んでいた。女性６人、うち２人が非白人、男性は23人でうち５人は非白人、一人は米国史上初めて同性愛者であることを公表して本格的に大統領選に挑んだ。ジョー・バイデン元副大統領のキャンペーンは概ね精彩を欠いていたが、下院議員ジム・クライバーンの支持を得て、サウスカロライナ州の予備選で圧勝した。全く予想外で激震が走ったのは、バーニー・サンダースとエリザベス・ウォーレンがリードする革新派が指名される可能性が明らかになった後、その時点で残っていた6人の候補者のうち3人が撤退してバイデン支持に回ったことだ。ウォーレンは、予備選のスタート直後は勢いがあったが、指名を得るのに必要な数の票を集めることができず程なく撤退して、サンダースとバイデンの一騎打ちとなった。アメリカの黒人は、新型コロナウイルスを、通称「ザ・ローナ」と呼んでいるが、この感染拡大で民主党の予備選は実質的に終了となり、バイデンが指名を獲得したものとみなされている。

新型コロナウイルスのために予備選は大混乱に陥ったが、実のところ、新型ウイルスが現れる前から予備選はかなりの荒模様だった。二人の明らかに革新的な候補者の存在は、穏健派や保守的な候補者を予備選で打ち負かす重要な機会だったたし、それで本選が表向きは、国家主義的な白人過激派対革新派という壮大な闘いになる可能性もあった。残念ながら、結果は大きく違った。サンダースは「民主社会主義者」を名乗って、自らを政治的スペクトラムの中でもっとも左に位置づけ、ウォーレンは、自分は「骨まで資本主義者」だと言って、中道寄りの位置をとった。

左派については、2016年の選挙でクリントンがあまり革新的ではなかったため、熱心に活動しない人が多かったが、私たちの運動がサンダースとウォーレンの競い合いを通して盛り上がったことは重要だ。だが、その盛り上がりも運動の拠点を作るよりもイデオロギー論争に主たる焦点が当てられていたため、勢力が力をもつにはいたらなかった。左派は、穏健派や保守派の候補者を倒すことに力を集中しなかった。可能な限り最大の連携組織を構築しようともしなかったし、活動家ではない人や、運動に参加していない人も含めて、より多くの人々に投票に行くよう促すこともしなかった。むしろ、どの陣営に一票を投じるか決めようとしている何百万という人々にとっては、昔も今も関係ない、イデオロギーやレッテルをめぐる政治的色合いのリトマス試験に熱中するようになった。

はっきりさせておくが、今の資本主義に代わる経済形態を中心とした組織化は、重要であるが長期的な課題だ。例えば、実際は多くの人が社会主義の考えを支持しているが、長年の保守派からの暴力的な攻撃を経て、社会主義は悪いことだと信じるよう仕向けられてきた。自陣営の候補者のために、より多くの有権者を動員することにエネルギーを注ぐことができるときに、なぜ社会主義の剣のため死ぬというのか。有権者は社会主義を理由には投票所に足を運ばないかもしれないが、医療へのアクセスを望み、必要だから投票に行くわけだ。黒人家庭や白人家庭を引き裂き、助けを求めることもできず、更生や回復への道もない懲罰的な経済に終止符を打つために投票に行くし、同一労働同一賃金の公約実現を求めて投票に行く――そんな有権者を動員することにエネルギーを注ぐべきではないのか。今回の選挙は、残念ながら、資本主義が存続し続けるかどうかを決める国民投票ではなかった。いつもどおり、どれだけ多くの人々を自分の側に組織化できるかを見せてアイデアの力を示す機会だった。二人の革新派候補はどちらもこの闘いに敗れたのだ。

組織化について言えば、組織化して動機づける必要のある極めて重要な有権者層がいた。それは、バラク・オバマ前大統領を支えた副大統領の後ろに整然と並んでいた黒人有権者である。

第12章　アイデンティティ政治の力

ある晩私は、ワシントンＤＣからの長い長いフライトの後、地元の空港に到着した。カリフォルニア州全土で発生していた山火事のため飛行機は遅延し、空気は煙と有害物質を含んで重かった。フライトは長くても5時間以内のはずが、飛行機の中で7時間も過ごすはめになり、一杯飲まないと寝られないと思った。帰り道、お気に入りのバーに立ち寄った。

私がいつもこのバーに行くのは、そこが匿名でいられる場所だからだ。自分が誰かとの関わりを望まない限り、本当に誰とも関わらずにいられる。幸運にも常連客はそうした習慣をよく知っている。この日の夜は比較的空いているだろうと期待していた。折しも月曜日の午後9時過ぎ、ほとんどの人は家にいるだろうと踏んだのだが、私が到着したとき、5、6人ほど、そこそこ酔っ払った一団がいた。全員白人だった。

私は飲み物を買って、一服するためにバーの前のパティオに出た。疲れた体を休めるために席を探し、そこで見憶えのある女性の隣に移動した。若い白人で、トレンディな感じの女性だった。金髪を輝かせ、酔った勢いで、自分の考えや意見をやや強引に人に話しているのを見たことがあった。私は彼女の考えや意見が少し不愉快に思えたので、彼女がいるときは関わらないようにしていた。この夜もそうした。

バーは混んでいて、やかましさに頭の中を整理することもままならなかった。そんなときは他人の会話が割り込んできたりするものだ。こんな感じの話が耳に届いた。

金髪女性　あ、私の好きな俳優がその映画に出てた。彼エジプト人なんだよね。

白人男性　エジプト人なんだ。知らなかったよ。ピープル・オブ・カラー〔非白人〕の出番はもっと増えるべきだ。

金髪女性　出番が増えるべきなのは彼がいい俳優だからでしょ。人種的マイノリティだからじゃなくて。だいたいそういう話を聞かされるのはいい加減うんざり。黒人だの、白人だの――なんたらかんたら。いつまでそんなくだらないこと言ってるの。ホントにイライラする。いつになったら、人間ていうだけで済むようになるんだか！

心底呆れてしまう。金髪女性は映画に登場するピープル・オブ・カラーが人口に比して少ないことに憤慨していたのではない。彼女はあえてピープル・オブ・カラーと表現することに腹を立てていた。まるでそのように表現してしまうと、かえってその差別の構造が温存されてしまうかのように憤慨しているのだ。

これは珍しいことではない。実際に私は公共の場で、黒人はなぜ人類みな兄弟だと考えるのではなく、分断を強いるような考え方をするのか、と白人から説明を求められた経験がある。また別のときには、ある白人女性から、自分の出身国フランスでは、黒人は自分のことをフランス人だと考えていて人種を意識しないから人種差別はない、といったことを20分ほどもガミガミ言われたことがある。断っておくが、これは彼女や他の人とこうしたテーマで議論をしている最中の話ではない。私は友人がトイレから戻るのを待っていただけだったが、彼女はそれを、人種に関する自分の考えを私に無理強いするチャンスだと捉えたようだった。

はた迷惑であるという以上に、こうした議論は、左派の白人活動家まで含めて白人の間で相変わらず共通している単純で危険な考えを示すものだ。というわけで、ここでは、なぜアイデンティティ政治がこれほどまでに軽蔑されるようになったのか、そしてより良い世界を築くために活動する私たちにとって、なぜアイデンティティ政治が重要なのかについて私なりに説明してみたいと思う。

アイデンティティ政治とは何か

アイデンティティ政治を定義するのは、簡単なようで難しい。難しさの一因は、アメリカの保守派がアイデンティティ政治を悪者扱いしてきたことにもある。究極的には政治的概念だから、アイデンティティ政治の重要性を正確に理解するには、まず権力《パワー》の定義から始めなくてはならない。私の定義する権力とは、私たちの人生に影響を与える物事を決める能力であり、私たちが誰であるのかという物語を作り、決定する自由である。また、権力は、報酬や罰を与えたり、資源をどのように分配するかを決定する能力をもつことも意味する。

権力をどう考えるかは一人ひとり違うから、今述べた私の定義も当然多くの人と異なっている。ほとんどの人が権力について抱くイメージはその時々の感情に左右される。朝、人は力を与えられた（エンパワーされた）と感じて目を覚ますこともあるが、「力を与えられること《エンパワーメント》」は、権力《パワー》とは異なる。権力は、誰がルールを決めるのかという問題であり、私たちの多くは、もっとも身近な事柄を決定する場合でさえ、本当の意味での権力をもっていないのが現実だ。確かに、今日の朝食に何を食べるかを決める力はあるが、朝食の選択肢の幅やそもそも朝食を食べることができるかどうかということは、より大きな権力が決めている。権力を行使する場合のキモは、権力の存在を気づかせないことである。権力は隠れて作用することを好む。もし権力の働きがガラス張りになれば、多くの人が権力に反抗するはずだ。

バーの金髪女性が権力を無視することに固執していたのは、権力がどのように機能しているかを示す非常に良い例だ。権力的立場にいる者は、他人を犠牲にして、自力で得たものではない恩恵を手にしていることをまず認めようとしない。彼女の訴えは、権力がもっとも効果的に機能している状況をまざまざと描き出している。舞台裏から、誰の目にも触れず、誰に悟られることもなく、権力は機能する。いわゆるアイデンティティ政治は、その見えない権力を可視化しようとする試みである。

アイデンティティ政治という言葉は、公民権運動の終盤に生まれたもので、白人ではない人、異性愛者ではない人、シスジェンダーの男性ではない人の人生経験を表現する方法として使われている。アイデンティティ政治における「アイデンティティ」とは、アメリカで標準として定義されてきたものの枠外で生きることの意味を表現している。科学実験をするとき、結果を理解するためには、対照群と実験群が必要である。対照群は、状態に変化がないときに何が起こるかを知るためのもので、実験目的となる操作を加えない。変化があったかどうかを確認するために実験群と比較対照する。アメリカでは、白人、白人文化、白人の経験が、その他のすべてを比較する際の基準になっている。これは、白人ではない人々を極端に疎外することになる。自分と同じような外見の人はファッション雑誌に出てこない、肌の色に合う化粧品が手に入らない、といったことが起こる。対照としての白人性は、白人性によって定義された特定の体型にのみフィットする服に似ている。あるいは、バンドエイドやストッキングの肌色や、化粧品の桃色がかった色にも似ている。白人性、白人のアイデンティティは、アメリカにおいて中核となる組織化原則である。

アイデンティティ政治は、このような様々な標準によって定義されるために、個人的に、あるいは政治的に疎外されることを拒否した黒人フェミニストたちが生み出した言い方だ。この言葉は、1977年に発表されたコンバヒー・リバー・コレクティブの声明に初めて登場している。この黒人フェミニストのグループは、自由のための闘いだと称する社会運動の中に自らを位置づけようとしたが、自分たちが壊そうとしていたまさにその差別の構造を内部に抱えてしまったが故に、思うように活動できなかった。

コンバヒー・リバー・コレクティブは、彼女たちの人生経験が、人種差別、性差別、資本主義、同性愛差別等々の抑圧の連鎖によって形作られたとしている。彼女たちは、白人のフェミニストたちとは違って反人種差別に徹し、白人や黒人の男性とは違って反性差別に徹していた。そして、自らの経験から、今までの女性運動が主に白人女性の自由のためのものであり、すべての女性の自由のためではないと結論づけた。同様に、黒人の自由運動は、主に黒人男性の解放のために考案され、すべての黒人の自由のためではないと考えた。こうして彼女たちは、黒人として、黒人女性として、レズビアンである黒人女性として、自分たちの経験の複雑さを受け入れられる政治空間を求めた。誰も彼女たちのために闘ってくれないので、自分たちが闘うしかないと気づいたのだ。他の誰かの解放に焦点を当てた政治に対して、自らの経験と自らの解放への欲求にもとづいて政治を形成する、という意味で「アイデンティティ政治」という言葉を造ったのだった。

この、他ならぬ私たちの抑圧に焦点を当てるということが、アイデンティティ政治の概念に内在している。もっとも本質的かつ、もっとも根本的な政治の変化は、他の誰かの抑圧を終わらせるための活動ではなく、私たち自身のアイデンティティから直接生まれるものだ、と私たちは考える。……人間として、対等な人間として認識される、それで十分だ。

……私たちはすでに、個人的なことは政治的なことだというフェミニズムの原則を拡大する形で、政治的に貢献した。……必要に迫られて、抑圧の文化的・経験的な性質を掘り下げて考えることに多大なエネルギーを費やしてきた。こうしたことのいずれも、これまで検討されたことがなかったからだ。これまで誰も、黒人女性の人生の重層的な本質を検討したことがなかったのである。

「個人的なことは政治的なこと」という教えは女性運動から来ているが、コンバヒー・リバー・コレクティブのメンバーはこの教えを取り入れ、黒人女性の人生に応用した。ここで言うアイデンティティ政治とは、黒人女性が人種差別の経験を共有している黒人男性を脇に追いやることではなく、黒人男性、白人女性、白人男性のすべてが、黒人女性の抑圧から利益を得ているという事実と闘わなければならない、ということなのだ。こうして、アイデンティティ政治は、統一や団結の名の下に黒人女性の歴史的な経験を黒人運動の中に決して埋没させない。

黒人女性には、白人女性のレンズを通してのみジェンダー抑圧を見る女性運動はできなかったし、今もできない。これは黒人フェミニズムの原則である。違いをなくすためには、黒人女性の経験は独特で複雑であるということを認めなければならないのである。

にもかかわらず、多くの白人フェミニストは、なぜ黒人女性が自分たちの運動に加わらないのか理解できない。なぜ別個に人種アイデンティティを立てるのか。黒人女性に固有の経験を忘れろと求めるこの種の白人フェミニズムは、間違いなく一種の集団記憶喪失である。

黒人女性は、奴隷制の下、白人の子どもを世話するために自分の子どもは放ったらかしにすることを余儀なくされたのを忘れるべきなのか。黒人女性は、主人が劣情を催したときに、白人の妻からぶつけられた怒りを忘れるべきなのか。黒人女性は、スーザン・B・アンソニーのような現代の白人フェミニストの英雄たちに対して、黒人女性にも参政権を認めるよう迫ったソジャーナ・トゥルースの有名な演説を忘れるべきなのか。黒人女性が自由のために闘うとき、白人女性が自分たちとともに闘ってくれると信じられる根拠は、歴史的に見てほとんどない。抑圧されたすべてのジェンダーが平等になれば得るものは多いが、アメリカは歴史的に、白人女性を白人男性の支配下に置きつつ、黒人女性を白人女性の支配下に置き、権力と特権を与えてきたこともまた事実なのである。

このように、アイデンティティ政治とは、人の世界観は自身の経験や歴史によって形作られ、そうした経験は、経済、社会、民主主義においてグループや個人がもつ権力との関係で変わってくるという先鋭的な考え方である。そして、アメリカが白人のアイデンティティ政治に支配されていることを考えると、白人性自体がアイデンティティ政治を最初に、かつ本質的に生み出したものなのだ。アメリカは、白人のアイデンティティ政治の上に築かれている。白人キリスト教徒の国を建設するのに必要な土地と資源を得るためにアメリカ大陸の先住民の大量虐殺を試み、無償労働を確保するために、アフリカとそこから世界各地に離散した人々を奴隷にした。そして、この白人キリスト教徒の国を世界でもっとも強力なものにし、商業を推進するために、中国やその他のアジア諸国、太平洋諸島、中南米諸国からの移民労働者たちを搾取し、抑留し、貶めた――このようにして、アメリカは建国されたのである。

これがなぜ重要なのか。バーの金髪女性の話に戻ろう。あの金髪女性がしたような主張は白人しか口にしないと言うとフェアではないが、自分たちには固有の経験があると声をあげたグループに腹を立てる白人は、自分たちが抑圧する側にいることを理解していない、とは言えるだろう。バーにいたあの金髪女性のような発言を耳にすると、私はよく独り笑いをしてしまう。それあなたが自分で招いたことなんだけど、とまずは思うからだ。

換言すれば、もし白人が、権力と特権を維持するために、肌の色だの性器だの階級だのと人間を間違って分類していなかったとしたら、私たちはそもそもこんな会話をしていただろうか。もし白人が、奴隷制度をつくり、カリブ海地域、アフリカ、ラテンアメリカから黒人を略取し、何世代にもわたって服従を強いるなどということをしていなかったら、私たちはこの会話をしていただろうか。黒人は人間以下の存在とされ、思いやり、資源、尊厳、時に生命すら奪われるような奴隷化と抑圧の構造が温存され、その影響が今まで続いていなかったら、黒人が自分たちの固有の経験を共有して安心を得たいなどと思うだろうか。

アイデンティティは、アメリカでは誰もが認識していながら話題にしないことなのだ。

ストーリーをめぐる闘い

これに応えてこんなふうに言う人もいるかもしれない。「確かにあれは悲劇的な出来事で、アメリカの過去の汚点だ。だが、私たちは前へ向かって進み続けなくてはならない」。しかし、アメリカで誰も話そうとしないこの重要な問題が、どのように私たちの生活に影響し続けているかを検証しない限り、私たちがそれを本当に乗り越えられる可能性はない。実際、これは記憶喪失の影響の一種であり、トラウマとなる経験を故意に忘れてしまうことによって、その有害な影響が持続してしまうのである。家事労働者が現行のアメリカ労働法で多くの場合保護の対象にならないことを忘れてしまうと、彼女らが保護を受けていない理由――人種差別――が曖昧になってしまう。その結果、家事労働者が最低限の労働者保護の仕組みからほとんど排除されて１００年近く経つにもかかわらず、彼女たちは経済的に不安定な立場のまま存在し続けているのだ。

そして、この記憶喪失が重大問題である理由がここにある。権力のあり方を描き出すときにアイデンティティ政治を曖昧にしてしまうと、権力の機能を変えようという発想がもてなくなる。まずは、権力が白人、キリスト教徒、異性愛者、シスジェンダー男性を利するために働いていることを私たちが認識しなければならない。さもなければ、不均等に分配された権力の遺物を清算する方向で協力するのではなく、権力により服従を強いられている人たちを、服従的な態度だと非難し続けることになるだろう。

保守勢力は、持病のある人が健康保険に加入できないようにしてきた。女性が子どもを産むかどうか、いつ産むかを決める権利を否定しようとしてきた。トランスジェンダーの人々は保護しなくてよいとした。黒人の選挙権を後退させようとした。私たち一人ひとりが尊厳ある人生を送る権利を否定しようとした。つまり、保守勢力は、人種と性別とセクシュアリティと階級にもとづく差別はすべて、権力者が権力を維持し続け、権力のない者が権力にアクセスできないようにする戦略であると、決して理解できないように金をつぎ込んできた勢力なのだ。40年以上もの間、保守運動は、人々の心を摑み、多数を犠牲にして少数の者が利益を得る政策に同調させてきた。革新派の運動が格差を強調することに注いできた努力以上に、この国の保守運動は、人種や階級、性別による格差を曖昧にすることに労力を注ぎ込んできたのである。

多くの歴史家は、公民権運動の終盤を、文化と政治が争点となった激動の時代と表現している。公民権、人権、人種的正義、ジェンダーの正義、クィアやトランスジェンダーのための正義を求める運動の力と団結の高まりは、この国に既存する主流の社会的・政治的基盤を脅かした。女性、同性愛者、トランスジェンダー、黒人、ラティーノ、先住民族、アジア系、そして一部の白人は皆、白人が支配する世界で、社会的、政治的、経済的な存在感を主張すべく闘っていた。そうした運動は、一つにまとまり、大きくなり始めた矢先に、途方もない敗北と挫折に見舞われた。政府による監視プログラムや破壊工作は、そうした社会運動の内部と運動相互間に深い溝と緊張を生み出し、運動の指導者を収監し、場合によっては殺害すらした。そして保守層は、以前とは違うやり方で権力を握り始めたのだ。

権力を握るとは、ストーリーを操作したり文化的規範を勝手に形成することでもある。右派は、人種的マイノリティのコミュニティ、特に黒人やラティーノ移民について新しいストーリーを描くために多大な努力を重ねてきた。黒人女性は政府を利用するウェルフェア・クイーン（福祉の女王）で、移民は危険な犯罪者で、黒人男性は私たちの生活を破壊しようと怒りに駆られて銃を手にする過激派だ、ということになった。長い時間をかけてついにガラスの天井を壊す寸前まで進んできた女性たちのせいで、家庭や家族は崩壊し、生活も変化してしまった、とされた。

自分たちがどういう人間で、自分たちについてどのように語るかを決めるのは、権力を行使することだ。私たちが語るその物語に、より多くの人に共感してもらい一緒に語ってもらうことができれば、私たちはさらに強くなる。右派からすると、アメリカの歴史は、忍耐、厳格な個人主義、信仰、勤勉さによって構成されてきた。この物語には、右派の計画を脅かすような登場人物がいる。そもそも物語に登場するはずではなかった次のような人々だ。奴隷としてこの国に連れてこられ、自由のために闘い、自由を勝ち取った黒人。大量殺戮や植民地化に抵抗し、土地や生活様式を奪われまいとした先住民族。単なる産む機械や家庭の番人としての役割を拒否する女性。異性愛者同士の家族や、男と女、ゲイとストレートのような二元論を拒否し、私たちが何者であるか、そして何者になりつつあるかの複雑さを受け入れるレズビアン、ゲイ、バイセクシュアル、トランスジェンダー、多様なジェンダーとノンコンフォーミング［既存のジェンダー規範に当てはまらない人］。同化を拒否する移民。抵抗されるはずのなかった右派の物語は、日々、何度も、マイノリティによって書き換えられている。

新しい物語を語るには、規範やライフスタイルなど、すべてのことが常に変化することを受け入れる必要がある。SF作家のオクタビア・バトラーが言ったように「唯一、いつまでも変わらぬ真実は、まさに変革である」。イノベーションの大切さを主張しているのに、変化には頑強に抵抗する国の一員でいるのは皮肉なことだ。

白人のアイデンティティ政治

ドナルド・トランプがアメリカ大統領に就任した２０１７年には、ソーシャルメディアも他のメディアも、記事や論説、解説であふれた。中でも注目すべきは、アイデンティティ政治を批判する一つの記事だった。書いたのはもちろん白人男性である。彼は、アメリカがさらに多様化したことは美しいが、その違いを乗り越え団結するための一致点が見つかるかどうか不安がある、と論じていた。要するに、バーの金髪女性と同じ主張だ。私たちの違いについて話せば話すほど、私たちはますます分断される、というのである。

ここでもまた、白人のアイデンティティ政治が効力を発揮している。持たざる者の経験は切り捨てておきながら、白人であることの恩恵をさらにとり込もうとする白人コミュニティを擁護している。革新派の運動は、政権を早くとりたがるあまり、アイデンティティ政治をなくすことに躍起になっている。そもそもアイデンティティ政治を批判する人は、権力によって彼らの特権的なアイデンティティが曖昧にされてしまうことがよくあるために、自分たちのアイデンティティ政治に直面する必要がない者なのだ。自らのアイデンティティについて自分で選ぶことも主体性をもつことも許されず、生まれながらのアイデンティティによって人生が決まってしまう人がいるのだ。アイデンティティ政治を批判する人は、そういう人がいることを認められないのだろう。

しかしアメリカでは、非白人、非キリスト教徒、非異性愛者、非シスジェンダー、非男性が統計上多数派になりつつあり、それは、そうした人々が政治的、文化的、社会的にも多数派になりうることを意味している。白人にとって、権力を失うことへの不安は大きい。しかし、その喪失、その不安の中には、可能性もあるのだ。かつて持たざる者だった人々が権力を手にしたら、かつて権力を握っていた者も同じように今度は持たざる者になる、とは限らない。権力はシーソーのようなものである必要はない。つまり、あるグループが権力を手にして他のグループを犠牲にし、上がったと思えば、次の瞬間今度は先ほど権力をもっていなかったグループが権力を手にし、もう片方は不当に扱われる、というものではないのだ。

白人リベラルや革新派の一部がアイデンティティ政治について間違えているのは、権力がただ奪い合うものであるのならば、権力のない人々と権力を失うことを恐れている人々は決して一つになれない、ということだ。抑圧する側とされる側をただ入れ替えるだけでは、公正な解決にならない。不相応に大きな権力を当然視してきた人々が、権力をより平等に分配するとはどういうことなのかと考えたときはじめて、正当な解決になるだろう。

よる違いがあったりすることを意味する。人種化された家父長制のもとでは、白人社会の慣行が、すべての社会における規準と標準の慣行として機能するのだ。

ドナルド・トランプが女性の「アソコをつかむ」などと吹聴してもなお、この性的搾取者とヒラリー・クリントンのどちらを選ぶのか決める際には、白人女性の47パーセントが投票用紙にトランプの名前を書いた。重要な女性政策を掲げた新自由主義者のクリントンではなかったのだ。これこそ人種化された家父長制である。なぜなら、家父長制は受け入れがたいものの、白人女性はトランプが遊びでアソコをつかんだことよりも、黒人のリーダーシップの下にあった過去8年間のことの方に、はるかに怒りを覚えていたからだ。賃金格差や同一賃金について、私たちが男性労働者の稼ぎ1ドルに対して女性労働者の稼ぎは81セントにすぎないと言うとき、実際には白人男性と白人女性の話をしているのだ。白人男性の賃金1ドル、白人女性の81セントに対して、黒人女性は66セントの稼ぎしかなく、白人男性の1ドル、白人女性の81セントに対して、ラティーノ女性の賃金は58セントなのである。人種化された家父長制とは、白人女性は保護に値するとみなされる一方で、黒人女性や人種的マイノリティの女性からは白人女性が保護されるべきだとみなされることを意味する。

私は家父長制と闘うことに人生の大半を費やしてきた。それは物心ついたころからの話だ。子どものころは家の中で毎度のように家父長制に反抗していた。私の父はよくコーヒーを飲んだ。まるでそれがないと生きられないくらいに。父は朝起きると、必ず一杯コーヒーを飲む。クリームとダイエット・シュガー3パックを入れるのがお決まりだ。私はコーヒーの淹れ方を完璧に弁《わきま》えていたし、母も同じだ。「リネット、コーヒーを淹れて！」というのは、我が家ではよくあるフレーズだった。時々それが私のところに来ることもあった。「アリシア！」と父が家中に響く声で叫ぶ。「コーヒーを淹れて！」

私はそれが大嫌いだった。自分のしていることを中断し、すべてを脇に置いてキッチンに駆けつけるよう要求されるということ、五体満足の大の男のために一杯のコーヒーを作ってやらねばならないということ、そのことに心底腹が立った。私は子どもだったから、ほかに大事な用事があったわけではなかった。だが、８歳の私の心の中では、問題はそこではなかった。私は自分が指図されるのが嫌だったというよりも、母が指図されるのが嫌だった。母は家のことは何でもやってくれた。請求書の支払いから、家の掃除、子どもたちの食事や世話まですべてだ。父は家業を営んでいて、確かにそれも大変な仕事ではあった。だが、私の心の中では父はしょっちゅう他人にああしろこうしろと指示しており、私たちはその指示に従うことに終始していた。そしてその度に、私は激怒していた。

ある日、今までにない形で父に反抗した。「自分で作ってよ！」と私は自分の部屋から叫んだ。言うまでもなく、その挑戦は失敗に終わった。私は外出禁止の罰を受け、父の求めに応じて引き続きコーヒーを作り続けることになったと思う。だが、私にとっては、受けるに値する罰だった。

裏方の女性、表舞台に立つ男性

私がこれまでに学んだり、参加したりしてきた社会運動は、どれも家父長制の病に感染していた。

私たちが集団を組織するとき、社会問題の解決を目的にしているからといって自動的に社会や経済構造の歪みから無縁でいられるわけではない。私たちは、意識的であれ無意識的であれ、私たちを生み出した環境に規定されるし、それはどこに行くにもついて回る。たとえより良い世界のために懸命に活動しているとしても、意識的に断ち切らない限り、私たちはそうしたしがらみから逃れることはできない。

オーガナイザーとして活動する中で、女性（通常は人種的マイノリティの女性）は仕事の大半を担っているのに、指導者として目立った役割を担うことが滅多になかった。私がこれまでに参加した会員制の組織では、事務仕事をするのはいつも女性であり、人間関係を構築するのもいつも女性であり、戦略を立案するのもいつも女性だったが、外から見える形で組織を率いるリーダーとなるのはいつも男性だった。同じパターンが私たちの団体にも反映していた。私たちの会員の大半は常に女性だった。貧困層や労働者階級の人種的マイノリティの女性、移民の女性、クィアの女性たちだ。しかし男性が地域の集会に参加すると、だいたいの場合、男性の発言が大半を占める。そして男性が長々と、もったいぶった口調で、聴衆に向かって「やるべきこと」を伝えようとする。

私たちが組織化した女性たちはほとんど、これとは違うやり方をした。もし女性たちが人生の時間を割いて組織に参加するとしたら、それは解決の取り組みに加わる覚悟ができたからだ。たとえその解決策の正しさを確信していなくとも。女性たちにはアイデアや強い意見がないとか、そういうことを言いたいわけではない。女性たちは家を切り盛りし、子や孫の世話をし、地域のすべての子どもを我が子のように扱っていた。刑務所生活や路上生活を繰り返している甥っ子の世話を焼くときもあれば、子どもたちを脅すのをやめなさいと警察に怒鳴りつけたり、街頭でヤクの売人を叱ったりもした。しかし、彼女たちは地域の集会で「ブラック・アメリカを救う14カ条」といった理屈を振りかざすような真似はしない。そんなことをするのは決まって男たちだ。

若いオーガナイザーだった私は、毎日のように男たちにナンパされた。地域の集会への参加を促すため、玄関先で環境レイシズムや警察の暴力について話したのに、参加者の中には、私がデートに誘ってほしいとか、せめて電話番号を聞いてほしいと密かに望んでいると勘違いする男たちもいた。初めてアウトリーチ活動に参加したとき、覚醒剤か何かでハイになっていた男に家に閉じ込められたこともある。その家から無事に逃げ出すための唯一の方法は、私がその男に興味をもったふりをして、「互いをよく知り合いましょう」などと男を外に誘い出し、一緒にタバコを吸うことだった。外に出ると、ペアを組んでアウトリーチをしていた人（男性）が私を待っていて助かったこともあった。

２００７年、私は米国社会フォーラムに参加した。1万人以上の活動家やオーガナイザーが一堂に会し、構造的な権力に私たちの日々の生活が影響されないようにするにはどうしたらよいかを話し合った。自分が所属するＰＯＷＥＲの仲間と一緒にツアーを組んで参加したのは、このフォーラムが初めてだった。私は、約30人のメンバーにスタッフを加えた代表団のコーディネート役を務めることで、自分の能力を証明したいと思っていた。ある日、組織の理事から誘われて、ある会議に参加することになった。

それは、全米各地の連携組織に所属する黒人オーガナイザーが集まる初めての会議で、黒人のために、より体系的な新しい方法で連帯しようとしていた。この会議が成功したらどんな可能性が広がるだろう。私の心は浮き立っていた。私はこの組織のメンバーになったことで政治的意識を高めていた。黒人たちが尊厳ある生活を求めて重ねた努力の歴史を深く学んだ。黒人の生活向上という具体的な目標に焦点を当てた運動に、一員として加わることに強く憧れるようになっていた。

到着して会議場を見渡してみると、１００人ほどが集まっている中で、女性はほんの一握りしかいなかった。文字通り一握りだ。つまり、そこには5人の黒人女性と約95人の黒人男性がいた。

ある年配の黒人男性が開会の挨拶をした。私は一緒に参加した理事の隣に座った。啞然として、そして落ち着かない気持ちになった。どうしてこんなに黒人女性が少ないのだろう。私は不思議に思った。地元で開催した会合では、参加者のほとんどが黒人女性だったのだ。その年配の黒人男性は40分ほど話していた。彼がようやく話を止めると、次から次へと男性が話した。ある男性は、私たち黒人が何をすべきかについて延々と批判を展開した。別の男性は、黒人が本来の姿を忘れた結果、進むべき道を失い、運動は弱体化したと力説した。私の中にあのときの感覚がむくむくと湧き上がってきた。子どものころ、父が母や私に向かって「コーヒーを淹れてくれ」と叫んだときに感じていたあの感覚が。不安はあったが、私は覚悟を決め、挙手した。

「えええっと、皆さんのお話をすべて聞かせていただきました」と私は話し始めた。自己紹介と所属組織の紹介を済ませて、私は続けた。「皆さんと同様に私も解放運動を信じ、毎日そのために活動しています。皆さんは先ほどからいろいろおっしゃっていますが、皆さんの計画には、女性のことが全く触れられていません。クィアの人についてはどうですか。黒人解放の未来像にクィアの人々をどう位置付けているのですか？」。かつて奴隷解放活動家のソジャーナ・トゥルースが、即興で「私は女ではないの？（Ain't I a Woman?）」というスピーチをした。これはまさに私にとっての「Ain't I a Woman?」スピーチだった。会議室は沈黙に包まれた。

室内は暑かった。場内を埋め尽くした参加者で空気は重い。参加者たちは居心地が悪そうに各自の席でもぞもぞと姿勢を変えていた。男性参加者の中には、私と目を合わせようとしない人もいた。私は何か間違ったことを言ったのだろうか。年配の男性が話していた40分間、他の男性たちが黒人男性の解放をあふれんばかりに礼賛していた次の40分間、全黒人の自由を実現する方法論について触れた者は誰もいなかった。まるで、黒人の男性について話をすれば、自動的にすべての黒人のことについて話したことになると思い込んでいるかのようだった。私はその年配の男性の様子を見た。最初は遠慮がちに。しかし次第に物怖じしなくなった。彼は黒人解放のプロジェクトにとって「黒人女性の仲間たち」がどれほど重要であるかを話し始めたが、私にしてみれば、他人に指摘されてから付け足すようでは時すでに遅しだ。そこでまた私のインポスター症候群が頭をもたげたのだった。この黒人の若い女は自分を何様だと思って、この黒人男性のビジョンやリーダーシップを問い糾したのか、と。

会議後、一緒に参加した理事に、私の意見は間違っていなかったか、一線を越えていなかったかと尋ねた。「いいや。あれはとても重要な指摘だった」と彼は言った。しかし、もし私の指摘が「とても重要」だったのならば、その指摘をする人間がどうして私でなければならなかったのか。一緒に参加した理事を含め、同じ部屋にいた男性たちがなぜ指摘しなかったのか。女性、同性愛者、トランスの人々が、あの会議の場にいなかっただけでなく、黒人解放を目指すビジョンの中にも存在していないことになぜ気づかないのか。

さて、こうした出来事はもちろん大雑把な一般論ではある。助けてくれる男性だっているし、女性の中にも尊大な物言いをする女性もいる。しかし、一般的傾向が確かに存在する以上、私たちは実践の中で明示的にも黙示的にも注意を喚起して修正する必要がある。私たちもいつも正しく振る舞ってきたわけではない。だが、完璧にできている自信がないからこそ、注意を怠らずにいられた。私たちは、会議で誰が発言しているのかいつも気を配らなければならなかった。仲間には希望に見合った役割を与えるように留意した。女性がリーダー的な役割を担うように意識し、女性がその役割を担う能力を高められるように配慮した。女性が参加しやすいように、毎回の会議には託児所を用意して、子どもたちをテレビの前でただ座らせておくのではなく、しっかりとケアした。こうした努力はすべて、女性たちが運動作りにおいて重要な役割を担い、それによって地域社会を変革する潜在的な力を引き出すためであった。同時にまた、私たち自身を形作っている権力構造を変えるためでもあった。

インポスター症候群のサバイバーとして

公民権運動、ブラック・パワー運動、黒人解放を目指す節目の出来事の数々を知るにつれ、私は運動作りについての理解を深め、その重要性を認識するようになった。同時に、私は過去の過ちを繰り返さないという決意も固めた。過去のこうした運動の高揚期に私と同年代だった、今は大先輩の活動家についての本を読んだり、彼女たちに師事するうちに気づいた。女性たちの名前が歴史に記されることがいかに少なく、戦略の中で女性たちが全く存在しなかったかの如く扱われていることすらあることを。ローザ・パークスが、いかにして足が疲れた一人の女として貶められたのか。戦略家であり、全米黒人地位向上協会（NAACP）のオーガナイザーであった彼女が、いかに正当な扱いを受けてこなかったかということを。パークスが席を譲るのを拒む9カ月前に、15歳のクラウデット・コルビンがいかに自分の席を譲ることを拒否したか。ダイアン・ナッシュ、エラ・ベイカー、ファニー・ルー・ハマーが、いかにしてラルフ・バンチ、キング牧師、ラルフ・アバーナシーたちのために後まわしにされたか。ブラックパンサー党の共同創設者ヒューイ・ニュートンが政府に攻撃されている間に、エレイン・ブラウン、キャスリーン・クリーバー、エリカ・ハギンズ、ジャネット・シリルが、いかに党の戦略を立てたか。そして、彼女たちがいかにして組織を前進させ、50年以上経った現在まで続く取り組みを確立したか。

この種の過ちは過去のものとなったものもあるが、今日でもなお根強く残っていると言える。実際、人種化された家父長制は私たちの運動の中でもしぶとく存在し続け、意識的に変えていく努力をしなければ、間違いなく将来世代まで続くだろう。

1960年代や1970年代と変わらず、2020年になっても、私たちは男性ヒーローを探し、女性をサポート役に降格し続け、女性が運動の中でどれだけ重要な役割を果たしているのかを見ようとしない。そのことは運動の指導的立場にいる男性たちが、人目もはばからず妻を身体的、精神的に虐待していることでもわかる。私自身、革新的な大会で議員に向かって組織を代表して発言しようとしたところ、演壇に立つ直前にある著名な革新派の男性議員に言い寄られた経験がある。ある組織の代表を務めていたときに、資金提供者が私を部下だと決め付け、男性の代表を探そうとしたこともあ

人種化された家父長制は、黒人女性の間でも存在する。ブラック・ガール・マジック※（#BlackGirlMagic）と主張したと思いきや、黒人女性が指導的立場につくことに対してはためらいを示すのだ。指導的な立場にある黒人女性は、強すぎると見られる場合もあれば、逆に頼りなく映る場合もあるという独特のジレンマを抱えている。私自身も、以前、同僚から「あなたは冷たい」と言われたことがある。その真意について私が追及すると、その人と私が友人であり、同僚であれば、私が指導的立場にあることも受け入れられるようだった。そんなとき私は、穏やかではあるが、しかし確固とした態度を見せて、もともと友達関係など存在しなかったことを気づかせる。すると、ひょっとしたら私が食事に誘ってくれるんじゃないかなどという彼らの期待は吹き飛んで、呼び出しの目的は業務の進捗をチェックするためだったとわかるのだ。

この例にとどまらず、指導的役割を担う黒人女性として、私はこうした経験を繰り返してきた。もし上司が白人女性だったら、あるいは黒人以外の人種的マイノリティの女性だったとしても、これほどの経験をすることはないはずだ。黒人女性として、私たちは他人の世話をする役割を期待されている。人種化された家父長制のもとでは、私たち黒人女性は自分自身の世話をする前に、他人の世話をすることが要求されているのだ。そして、あまり公で語られることはないが、こうした期待は黒人女性の中にも存在していて、私たちが#BlackGirlMagicというハッシュタグをつけて自撮りしていると

※　２０１３年にカショーン・トンプソンが作ったハッシュタグで、黒人女性の美しさや力を称賛し、エンパワーしようとする活動。

きもそうなのだ。何かがうまく行かなかった日には、みんなの話を聞いてあげる親友としての役割を期待されるが、仕事を片付けなければならないときには、親友ではいられない。私たちは人から冷たいとか、厳しいとか、そんなことを言われる女性になるのだ。

私のフェミニズム理論に従えば、黒人女性を「いい人」と「嫌な人」に分断するのはくだらない。「いい人」とは、自分の活躍の場を減らして、他の人のために出番を譲ってしまい、「嫌な人」は、自分の役割についてはっきりとした境界線をもっているので扱いにくい。しかし、この二分法の考え方を黒人女性が自ら広めてしまった場合には、特に害悪が大きい。私たち自身が、忌み嫌っているはずの価値観や見方を、他の黒人女性に対して押しつけてもよいのだろうか。人種化された家父長制を解体し、それを一掃することで、黒人女性は自分の仕事に専念できることになる。他人の重荷を背負う必要はなくなるだろう。

黒人女性は、自分たちがスーパーヒーローとなって世界を背負うべきだなどと考えなくてよい。自分たちの身の丈の分だけを引き受ければ足りるのだ。黒人女性がかつて白人女性の赤ん坊を我が子のように世話する役割を負わされていたように、求められたら誰にでも乳を吸わせるが如き役割を黒人女性に期待するのは間違っている。ここでの問題は、こうした期待が強いかどうかではなく、人種化された家父長制のもとでの現実離れした期待にある。それは黒人女性は、白人だけでなく、黒人のためにもラバのごとく奉仕するのだという考えである。

私たちは、急進的な伝統をもつ黒人解放運動の経験から、変革を遂げる運動は、白人でも黒人でもリーダーになることを恐れず、ましてや黒人女性をリーダーとしてもつことを恐れてはならないと学ぶ。私たちは過去の経験から学び、その成果を新しい運動で示すことができるのだから、同じ過ちを繰り返すべきではない。

第14章　拠点無くして運動なし

運動が成功するときは常に、その裏に本当の物語がある。それは多くの人が社会変革を実現するために結集するということだ。だが、社会変革の運動の成功譚《たん》を語るとき、ある一人の人物の勇気ある行動とか、その人の高潔さが人口に膾炙《かいしゃ》しがちであるため、真の勝因はいつも曖昧になってしまう。しかもたいていの場合、シスジェンダーの異性愛者である男性の手柄話だ。さらに、最近では、ＩＴやソーシャルメディア（ＳＮＳ）の影響で、組織化の基本が曖昧にされてしまうようになった。関係する人々と、本格的かつ持続的な変革を生み出す方法をともに学び、運動の拠点を築く作業が曖昧にされているのだ。

前述したように、拠点とは、ある課題や目標を中心に人々が団結することである。拠点は、有権者集団とは区別されなければならない。有権者集団という場合には、こうした団結した人々だけでなく、何らかの課題に影響を受けているが、闘いにまだ組織化されていない人々も含まれる。例えば、黒人コミュニティは有権者集団である。黒人のコミュニティには、教会や労働組合、住民運動団体のように、何らかの課題や目標のために組織化された人々のグループが含まれるが、未組織の個人や団体も含まれる。ドメスティック・バイオレンス（ＤＶ）を経験した黒人女性は、黒人コミュニティの一員

ト教者、異性愛者の「常識」という現状と代わるものがあると断言している。新しい社会のためのビジョンを反映するだけでなく、互いの関係性や地球とのつながりのための新しいビジョンも含まれるように、新たな知識を生み出す努力をするのである。

市民社会を我が物にし、知識が生まれ培われる場所で自分たちの空間を求めて闘うことにこそ、運動は精力的に取り組まねばならないのだ。右翼運動は、まさにこうして運動を築くためにあらゆる場所を掌握しようとしてきた。この意味では、文化は右翼運動を強化し、運動に説得力をもたせている。文化こそまさに、成果ある持続可能な政策改革のために、基礎を築くものなのだ。

婚姻の平等（同性婚を法律婚として認めること）を求める運動は、何百万人もの人生を変える法制定を遂げるために、革新勢力が知識を生み培う空間を手にした確かな例である。

数十年の間、右派はセクシュアリティや家庭に関する国民の意識を操作していた。右派の思想は異性愛を必須とし、すべての「正常な」性的関係は男女両性間でなければならないとしている。異性愛の義務化は、文化と政策によって厳格に強制されてきた。例えば、テレビにＬＧＢＴの人が出演しないことは、異性愛の義務化が強化されている表れである。その中でもＬＧＢＴがテレビで取り上げられる場合は、この性的マイノリティをさらに排除するようなステレオタイプで描かれていた。

１９８０年代から１９９０年代に、右派は、クィアというセクシュアリティを正面から攻撃した。政府の対応もなく、偏見と差別の中でエイズ感染症により何千という人が命を落としている一方で、クィア・コミュニティが感染症拡大の原因だとして非難の対象となっていた。ゲイであることは、病気であることと同義語になり、さらに、非異性愛の関係は神に対する罪だと見られた。この二つの現象は、非異性愛者間のセックスが罰に値するという古い考えを助長したため、感染症対策は進まなかった。

ジョージ・Ｈ・Ｗ・ブッシュ大統領は、エイズ危機がもっとも深刻化した時期に指導的立場にあった。ブッシュとレーガン両大統領は反ＬＧＢＴとして有名であり、二人の任期中にはほぼ何も対策は講じられず、15万人以上がエイズで死亡した。全米のコミュニティでエイズ危機が広まる中、エイズ研究のための資金援助、ＨＩＶ感染者や亡くなった人への支援、予防と偏見についての教育などが遅れた。同性愛者と並んで、黒人も不相応にＨＩＶ感染拡大の影響を受けていた。

危機的状況を主流社会に知らせ、注目してもらうには、何年もの支援・啓蒙活動と直接行動が必要だった。ＨＩＶ／エイズの治療と予防にもっと多くの資源を投入するよう、ＡＣＴ ＵＰ〔エイズ解放連合〕のようなグループが結成され、政府に圧力をかけるようになった。そして、ＨＩＶ／エイズを語らない、というホモフォビアに根ざした沈黙が破られるように働きかけた。

しかし、こうした変化を持続可能なものにするためには、文化的な変化も必要であった。すなわち、古い固定概念の転換だった。テレビにはゲイが出演し、異性愛者と同じような生活をしている様子が映し出された。ゲイの登場人物は、「普通」の人で普通の人間関係を営んでいるとして語られるようになった。社会の除け者や小児性愛者として描かれていたゲイの人たちは、どこの地域にも家庭にもいる光景だという文化が築かれた。

この変化は、「ウィル＆グレース」「エレン」「グレイズ・アナトミー」などのテレビ番組だけに見られたものではない。漫画やヒップホップから、ホワイトハウスにいたるまで波及効果をもたらしたのだ。ラッパーであり、社会起業家でもあるジェイ・Zは、2012年、「誰でも愛したい人を愛することができる」とコメントし、結婚の平等性を支持すると表明した。ミュージシャンのフランク・オーシャンは、19歳のときに、自分は男性に惹かれていたと話した。出版社のマーベルとDCコミックスは、バットウーマンのようにLGBTであると自認した人物を登場させ、スーパーヒーローの定義を書き換えた。常識はこうして、授業でもなく、仲間からでもなく、メディアを通して変わっていくのだ。

政治教育は、今まで見えなくされていたものを可視化してくれる。そうしなければ、世界がどう回っているかといった常識を解き明かすことはできない。政治教育によって、いかに自分たちの世の中に対する思い込みが、これまでの権力関係を継続させてきたのかを露呈する。政治教育があるからこそ、別世界を夢見て、それを実現できるようになり、今直面しているあらゆることについて、より明確に把握することができるのだ。

第16章　あえて複雑さを抱え込む

運動には、人々が集まり、違いを乗り越えて、共通の目標を実現するために団結することが必要である。運動は同じ考えをもち、同じように行動する人によって作られる、と考える人もいる。しかし実際は、運動は共通性の乏しい人たちが、ともに何かを達成しようとしたときこそ、生き生きとしたものになる。

時には、方向性や戦略、その他いろいろなことについての意見の相違に耐える、長続きする方法で一緒に活動していくための条件をつくりだすことが、最終的な目標である場合もある。また時には、協力関係が一時的な場合もある。

私はこれらの教訓を、統一戦線と人民戦線の違いとして学んだ。これは、私たちが誰と何を基盤に協力関係を作るかを決める際には、常に有用な教訓である。私が目標達成を目指してチームを作った際に、いちばん役に立ったのはこの教訓であった。

最近は、運動を築くことがまるで予め混ぜておいた生地に水、油、牛乳を加えて、オーブンで30分焼けば、それで一丁あがりといったように言われているのを耳にする。だが、そんな単純なものではない。運動作りは連携作りである。その時々で私たちが連携する相手を見れば、その仲間とともに築こうとしているものは何なのか、そしてその構築のために誰が必要だと思っているかがよくわかる。

連携の問題は混乱をもたらすこともある。短期と長期の連携とを取り違えてしまったり、あるキャンペーンで連携している相手と、すべてにおいて連携すべきなのではと混同してしまうこともある。ここが大事なところで、私たちは連携する必要のある相手と、必ずしもすべての論点で、あるいはほとんどの論点で意見が一致するわけではない。それでもなお、戦略をもち、勝利に向けた計画をもつためには、これまでとは異なる方法が求められる。

運動を立ち上げるときはよく、居心地のいい相手や、考えが一致し、世界観も共通する人だけを相手にして連携しがちである。このような傾向があまりにも強いと、もっと幅広い運動を作ろうとして、間口を広げようとする人を非難してしまうことにもなりうる。これには運動の正義に関わる議論も付きまとう。「本当に運動を築きあげているのは自分たちだけだ」「真の社会変革への道を理解しているのは自分たちだけだ」――こんな風に思い込んでしまうことがある。

私自身もこの罠に陥ってしまったことがある。私はオーガナイザーとして、急進的政治思想をもつ人たちと一緒に多くの時間を過ごしてきた。そのせいで、社会変革の目標は共通していても、政治思想が私と異なる人たちと一緒にいることには、居心地の悪さを感じてしまうのだ。

真の変革を実現するには、数百万人規模の運動を作る必要があるだろう。そして、その数百万人がさらに大きく成長し続けなければ、運動の力を維持し、権力のありかたを変革することはできない。私たちの社会運動は、同質的で小規模にとどまることに安住してしまっている例があまりにも多い。しかし、社会運動が成功するまでに乗り越えてきた課題を見てみると、同質性が問題であることがわかる。

だからこそ、人民戦線と統一戦線との違いを知ることは非常に重要である。これはガバナンスを理解し、実践する上での最初の一歩だ。

人民戦線と統一戦線

人民戦線は、政治思想の違いを超えて集まる共闘であり、短期から中期の目標達成を目的とする。一方、統一戦線は、長期にわたるもっとも高いレベルの政治的共闘関係である。これらの用語はしばしば入れ替えて使用されているが、区別する必要がある。

近年、活動家同士の連携は、多くの場合、人民戦線の形態をとり、短期的もしくは中期的な目標達成を目指して団結している。私はベイビュー・ハンターズポイントで組織化に取り組んだとき、ネイション・オブ・イスラムや健康と環境正義のためのグリーン・アクションと人民戦線を作った。また、環境正義のための連携組織や聖ヨハネ・コルトレーン教会など地元の小さな教会や権利擁護団体とも連携した。そのときは、地域に建設される新築住宅の50パーセントが、年収4万ドル以下の庶民にも手の届く価格で販売されるようにすることを求めて連帯し、条例制定運動を展開した。各団体それぞれの強みを互いのために役立てることができた。私のところは小規模な草の根組織で、100人を動員するのにも30日を要したが、ネイション・オブ・イスラムは3日前に告知すれば1000人も動員できるのだった。

こうした組織の間では、政治的には意見が一致しないことも多々あった。そのため組織間に緊張が走ることもあった。例えば、私はオーガナイザーのリーダーとして、戦略やアプローチを決定した。会議では、私は参加者の中でほとんどの場合、唯一の女性であり、間違いなく唯一のクィア女性であった。しかし、キャンペーンを率いるリーダーとして、意思決定には私の承認が必要だった。このやり方は、ネイション・オブ・イスラムの運営とは大きく異なっていた。というのもネイション・オブ・イスラムでは意思決定に関わるのは主に男性であり、私たちが知る限りでは、女性、ましてやクィアの女性が、彼ら側のキャンペーンの方向性について決断を下すことなどありえなかったのだ。モスクの集会では、部屋の片側に女性が座り、もう片側に男性が座っていた。私は自分らしく、男性側の席に座ったものだった。私たちは互いに政治的な立場の違いがあることを心得ていた。しかし、勝利のために互いが必要だということも認識していた。議題が10項目あれば、9項目についてはおそらく同意できないだろうと、互いに再確認することも多かった。だが、そのうち一つだけでも団結して活動している事由があれば、それに全力を尽くすつもりだった。

もちろん、いつも目の前の課題だけに集中し続けることはできなかった。時には、私たちの中には、特にネイション・オブ・イスラムと人民戦線を作ることについて、強く反対するメンバーもいた。私たちの組織は特定の宗教とは関係がなかったものの、基本的にキリスト教を基盤としていた。また、私たちの団体はクィア支持、反資本主義、意識的な多人種主義、フェミニストの立場をとっていた。私たちは、非暴力直接行動を提唱し、実践していた。ネイション・オブ・イスラムと私たちとは、政治的な見解が根本的な部分で大きく異なっていた。彼らの立場は反資本主義ではなく、実際には黒人資本主義を支持していた。組織としてもクィア支持ではなかったし、多人種的でもなかった。家父長制に対する姿勢は、私たちとは大きく異なっていた。

しかし、私たちの共闘が相手方への脅威となることができたのは、条例制定キャンペーンについては団結を守ったからだ。私たちは、互いの違いを尊重し合いながら、それぞれの強みを持ち寄ることができることを実証してみせた。そして、さらに重要なのは、地域社会が私たちの団結を尊重してくれたことだった。政治的な考え方がこれほど違う二つの組織が協力することができるのであれば、これは参加する価値のある闘いに違いない、と地域の人々は思ったのだ。私は、ネイション・オブ・イスラムのクリストファー・ムハンマド師がクィアの解放について力強く説教したことを忘れられない。ムハンマド師は、その説教の中で、クィアに対する差別意識を克服しようと闘ってきたと語り、最終的には互いの解放を実現するには互いを必要としているのだと納得するにいたったと述べた。一方、私たちの団体は、ネイション・オブ・イスラムとは政治姿勢を異にしており、その点の懸念は払拭できなかった。しかし、彼らの高度な組織力、組織内での規律の強さ、もっとも恵まれない黒人の中での組織化に優先的に取り組もうとしている姿勢は、尊敬に値するものだった。モスクの信者たちと親しくなり、彼らがどのようにしてネイション・オブ・イスラムに加入したかという話を聞くうちに、組織強化するには彼らの組織化から学べることが多いと気づいた。

私たちは、互いの違いに目を背けるのではなく、その違いに目を向ける勇気を得たのだ。

統一戦線とは、政治的な連携のレベルがはるかに高い共闘である。統一戦線に参加する組織は、社会変革のための長期的なビジョンを共有し、社会変革をもたらす理論を共有している。

私がPOWERで活動を始めたとき、私たちは「土地・仕事・力《パワー》のための5月1日同盟」として知られる統一戦線の構築に加わった。この統一戦線は、華人進歩会、POWER、聖ペテロ住宅委員会、サンフランシスコ・デイ・レイバー・プログラム&ラ・コレクティーバ・デ・ムヘレス、コールマン・アドボケイツ・フォー・チルドレン・アンド・ユースの5つの草の根の組織で構成されていた。これらの組織とは、政治思想、ビジョン、組織化モデルを共有していたために、ともに活動することになった。私たちはよく一緒に、組織化のための交流を行い、政治理論や社会運動を学び、互いの組織化モデルから学び、一緒に行動を起こした。約5年後、この同盟は、サンフランシスコ・ライジングとして知られるさらに強力な同盟へと成長した。この統一戦線組織は、サンフランシスコの労働者階級が選挙を通じて、真の権力を獲得することを目指すための運動組織となった。

統一戦線は社会の未来像を描く

統一戦線は、誰がチームの一員なのかが明確になるなど、多くの点で役立つ。ある意味では、統一戦線こそが、私たちが目指しているものであり、私たちが組織化する理由でもある。それは、戦略、ビジョン、価値観で一致した人々が連携し、さらに大きなチームを構築することを目的としているからだ。しかし、私の推測では、当面の間は人民戦線タイプの共闘関係が増えるだろうし、それは歓迎すべきだと思う。

人民戦線は現状の社会と関わる場合に役立つ一方で、統一戦線は社会の未来像を描く。統一戦線によって、私たちは新しい社会を作り、新しいアイデアを試すことができる。なぜなら、統一戦線の内部にすでに深い信頼関係、明快な政策、政治的統一性があるからだ。しかし、私たちは人民戦線によって、敏捷性を身につけ、共闘を維持するために互いの違いを乗り越えて関係を築くことを学ぶのだ。

人民戦線は、今日のオーガナイザーにとって重要なツールである。それは現状に合っているのだ。私たちは、正義と平等を基礎にした、尊厳ある人間らしい生活を保証する国と世界を目指しているが、実際に私たちの生活に関わる政策決定を行う集団の中に、そうした人々の意見を代表する人は少ない。連邦議会の議員の中にも、州知事や市長の中にも、市議会や教育委員会の中でも、私たちの仲間はごく一部だ。

政策決定権者の中でも、私たちは多数派ではない。しかし、どんな未来を目指すのかというビジョンについては、むしろ私たちのほうが多数派だろう。このように多数派になれない中では、すでにビジョンや価値観を共有し、政治思想がもっとも近い人への働きかけを強めたくなるものだ。しかし、事を成し遂げるためには、価値観の違う人とも共通点を見出すことが不可欠である。なぜなら、それこそが私たちに欠けている政治的権力を手に入れる方法だからだ。

多くの人が人民戦線を嫌がるのは、反対派と一緒に活動することで自分たちの政治性が希薄になることを恐れているからだ。統一戦線のない状態で人民戦線を作ることには危険を伴うのも、そこに理由がある。何のために闘っていて、誰に対して説明責任を負っているのかについて明確で確固とした軸がなければ、異なる価値観やビジョンをもつ人々と一緒に活動しながら、一貫性や明快さを保つことは難しい。

しかし私が思うに、本当の困難をもたらすのは反対派ではない。私たちは、いつも意見が一致する仲間うちでの付き合いに安住しすぎて、反対意見を言われることに恐れを抱いているのではないだろうか。安全と快適さを求めるのは自然なことだが、もしコミュニティや大切な人々のために長期的なビジョンをもとうとするのであれば、少々居心地が悪くても仕方ないだろう。

私たちには、不快になることがあったとしても、複雑さをあえて抱える運動が必要だ。そこから私たちが互いにつながる方法を学べるからだ。何百万人もが関わる運動は、メンバー全員が学び成長できる場でなければならない。運動に加わる際、それぞれが自分らしさをもちながらも、完全なる解放のために活動する中で自分を変える覚悟ももつ必要がある。大学を卒業していない人も、原理主義的な宗教的背景をもつ人も必要だ。企業経営的な問題解決アプローチが社会変革の唯一の方法だと確信している人たちや、慈善活動こそがより良い社会を築き上げると信じている人が必要だ。このような様々な考えをもつ人々が必要なのだ。なぜなら、異なる意見に触れたり、異なる行動に参加したりする機会を得ることがなかったら、この人たちの世界観はいつまでも変わらないからだ。変革のための運動に何らかの形で関与しない限り、異なる世界観に触れる機会などほかにあるだろうか。

私は一人のオーガナイザーとして、「私たちは、私たちを必要としている人を探しているのだ」と教えられた。それは今でも確かにそうだと思うし、毎日意識している。しかし、保守派の運動の勝利によって、多くの人々が、この社会に存在している問題は制度上の問題ではなく、個人の責任だ、と考えるようになった。私たちの運動に加わろうとまだ意識していないかもしれないが、そういう人が一歩踏み出せるようにするために手伝うのも私たちの仕事だ。人民戦線は、同じ志をもちながらも、それを実現するための最善の方策については意見を異にする人々と、距離を縮める重要な機会となる。このような関係性を通じて、私たちは新しい世界観に心を開くことができるようになるのだ。

第17章　肩書きや地位や名声

運動がメジャーになると、そのリーダーたちは世間の目にさらされ、称賛され、尊敬されたり、批判されたりするようになる。肩書きや地位や名声をめぐる問題は、過去の社会運動にもあった。キング牧師も、はじめは地域社会で活動する無名の若い牧師だったが、モンゴメリーにおけるバスのボイコット運動で注目を集め、全米だけでなく世界中に知られる存在になった。マルコムXは活動を始めたときカリスマ的存在ではなかった。実際、その前はマルコム・リトルという名で活動し、ネイション・オブ・イスラムを設立するまでは苦しい生活を送っていた。ローザ・パークスは、長い間、名もないオーガナイザーだった。

公民権運動や人権運動のリーダーである以外に3人に共通していたことといえば、コミュニケーション能力が高かったことだ。運動を前進させるには、理念とイメージ戦略の両方が不可欠であった。パークスがこの役に抜擢されたのは、彼女が象徴的存在だったからだ。お針子だったパークスは、一日中働きづめで足が疲れていた労働者の象徴として、後に全米黒人地位向上協会（NAACP）が差別的分離を撤廃しようとして提訴した訴訟では、申し分のない人物だった。キング牧師は信仰の人であり、信者にとって、そして後に国民にとっては、道徳的羅針盤となった。マルコムXは、苦労を乗り越えてイスラム教に出会い、黒人が人間性を取り戻すために何をすべきか答えを示した。３人は、自ら進んで象徴的存在になったのではなく、自分たちのビジョンと目標を伝えるために戦略的に選ばれ、前面に押し出された人物なのである。

ここで名前を挙げた３人に限らず、運動のリーダーは、名声を得ることでリーダーとしての本来の役割だけでなく、新たに築いた知名度を集団の利益のためにどう利用すべきか考えなければならなかった。こうしたリーダーの中には、肩書きと名声を手にしたことで、仲間からは嫉妬されたり冷笑されたりする一方で、対抗勢力からはますます弾圧を受け、脅しや嫌がらせに耐えた者もいる。そして猛烈な不安と自信喪失に陥るのだった。

「地元ヒーロー」に選ばれて

私は22歳のときから組織化活動をしてきたが、地域のオーガナイザーとしてベイビュー・ハンターズポイント地区で率先して個別訪問し、大手住宅開発業者を相手にした住民投票運動を手伝うことになるまで、それほど知名度はなかった。住民投票で勝つためには、相手の土俵で闘わなければならなかった。すなわち、報道機関に訴える必要があった。このキャンペーンにはリーダーが大勢いたが、私がその中で目立つようになったのには、多くの要因が絡んでいた。その大部分は、連携組織の意識的な戦略によるものだった。私はきちんとした学校教育を受け、格式の高い公立大学で二つの学位を取得していたので、活動について論文やオピニオン記事を書くなど、特別なスキルがあった。自分たちが組織化しているコミュニティからは偏った人物として見られてはいなかったし、利己的な目的を追求していると受け取られてもいなかった。

私はオーガナイザー教育を受け、常に組織化のスキルを磨いていた。初対面の人と関係を築く秘訣を知っていたし、キャンペーンに参加してもらえるようにその人たちを鼓舞し、最終的にリーダーとなってもらう方法も知っていた。オーガナイザーとして働きながら、CMJ（Center for Media Justice 公正な報道のためのセンター）の3人の戦略担当の活動家から、メディアを通してうまくコミュニケーションをとる方法を教わった。当時、センターは、地域の活動団体が、ビジョンや価値観や新しい計画を大手メディアに伝える広報活動を手伝っていた。競合相手が、BET〔黒人向けのテレビチャンネル〕に住民投票キャンペーンの広告を出し、有権者に毎週メールを送るために300万ドル近くを投じる一方で、私たちの支出額は約1万ドルにすぎなかった。有権者の心を掴むには、大手メディアを利用しなければならなかった。

勝つためにはできるだけ多くの人の心を動かさなければならないとわかっていても、大手メディアを活用することについては、まだ釈然としないものがあった。

キャンペーンの間、私は常にオピニオン記事を書いたり、ラジオインタビューに応えたり、公開討論会に登壇していた。住民投票が終わった後、地元新聞社から連絡があり、私が「地元ヒーロー」に選ばれたと聞いた。「地元ヒーロー」のコラムは、革新派のオーガナイザーの間ではよく知られていた。このニュースをあるオーガナイザー仲間に知らせると、評価されるべきは私ではなく、キャンペーンに取り組んだすべての人であるべきだと言われた。さらに、新聞が組織全体を表彰することに同意しないなら、私はその栄誉を辞退すべきだとも言われた。

私はこの反発に愕然とし、多少傷ついた。そう言った当人は、自分の人種的アイデンティティが白人だから、表に出るべきではないなどと言うような人だった。私も自分の特権に対しては、多少居心地の悪さを感じていたため、公の場に出ることについてそれほど積極的ではなかった。しかし、何カ月もの間、一日12時間から14時間、多数の討論会やイベントに参加して疲れていたのと、最終的に住民投票に負けたことで心に傷を抱えていた。そのため、私が引っ張った活動を称えたいと思ってくれた地域の仲間がいたという事実を受け入れることにした。連携組織の一員として、私はこうした役目を担うように訓練されてきた。与えられた役目を全うし、かつ実績を出したにもかかわらず、なぜ私が罰せられるのか。

私は、このキャンペーン活動の結果、革新派界隈で多くの賞を受賞した。その中には、組織に贈られたものもあれば、私個人に贈られたものもあった。しかしこの経験は、私にとって重要な問いを投げかけた。それは、運動が地位や肩書きや名声といかに向き合うべきか、ということだ。

テクノロジーとソーシャルメディア（ＳＮＳ）の台頭は、この問いをさらに複雑にし、リーダーシップとリーダーの責任についての解釈を変えつつある。肩書きや地位や名声は、古い問題を新しい視点で語っている。キング牧師時代の活動拠点は教会だったかもしれないが、現代ではＳＮＳかもしれない。ローザ・パークス時代の名声とは、誰が自分のことを知っていて、自分が何をしたことで知られているかであった。パークスは、１９４３年にＮＡＡＣＰで活動したお針子として知られ、アラバマ州モンゴメリーで黒人の投票登録を推進する活動をしたことで、仲間から尊敬されるようになった。

今日においても名声とは、誰が自分のことを知っていて、自分が何をしたことで知られているかであることには変わりない。しかし、自分のコミュニティの仲間が互いのことを知っているということ以上に、最新のニュースについてのSNSのタイムラインに流れる意見や反応をもとにした、インターネット上でのつながりや存在感によって名声が作られているのかもしれない。私たちが人を偶像化するのは、その人を高く評価してしまうときだ。マルコムXが特に黒人コミュニティ内で地位を得た理由は、白人至上主義が黒人社会に与えた影響について率直に語ることができたからであり、黒人が「何としてでも」自分自身を守り、解放を求めるよう促したからである。人を偶像化してしまうと、実体のない象徴に祭り上げてしまうことになりかねない。今日では、十分な人気を誇る運動のブランドを作り上げたときにリーダーは名声を得るかもしれない。しかし、その運動に内実が伴っているとは限らない。

パトリスとオパール、そして私が、後にブラック・ライブズ・マター・グローバル・ネットワークとなるブラック・ライブズ・マター運動を始めたとき、肩書き、地位と名声についてそれぞれが独自の考えをもっていた。当時、私たちには皆、社会的正義のためのオーガナイザーや支援者として10年の活動実績があった。私たちが肩書きや名声、そして地位を得ているとしたら、それは自分たちのコミュニティにおける関係性やそれぞれが所属しているネットワークにおいて培われたものである。これは、移民の権利や交通アクセス権、人種的公正、経済的公正そしてジェンダー平等のために行ってきた活動を基盤としている。私たちは、ほぼ1年間、幅広いネットワークとオーガナイザーとしての経験を活かして、人々を動員し、資源やデータへアクセスできるようにし、政治的な活動の現場を探している人たちを巻き込みながら、黙々と活動してきた。私たちの目的は、黒人とは何者なのか、何を大切にしているのかという新しい物語を伝えることだった。そのために、国家からの暴力に反撃するよう、黒人を励ましエンパワーするために活動していた。当初、私たちの主な役割は、その活動のためにちょうど良い場を作り、変革のために組織化をしたい人たちをつなぐことだった。

しかし、有名な公民権運動の大手組織が私たちの活動を自分たちのものとして主張し始め、さらにその政治思想と価値観を歪めたため、私たちは自分たちの物語を自分たちで語り、もっと自分たちの立場を主張することにした。

メディアに露出するという決断

あの時、私たち3人は正しい決断をしたのだろうか、と私は今でも悩んでいる。自分たちの物語の主人公になることは重要だったが、それにはそれなりの問題が生じたし、今でも問題はある。自分たちが作り上げたもののビジョンや価値観が曖昧にされたり、誤解されないように気を遣った。2014年には、ダーネル・ムーアに勧められ『フェミニスト・ワイヤー』に初めて記事を書いた。その記事は当初、「ブラック・ライブズ・マターから『ブラック』を消すこと（Erasing the Black from Black Lives Matter）」という見出しだったが、編集の後は「彼女の視点から語るブラック・ライブズ・マター運動の歴史（A Herstory of the #Black Lives Matter Movement）」という見出しになった。私たちは自分たちの活動をつまらないものにしたくなかったし、ブラック・ライブズ・マターには様々な人や分野との接点は欲しかったが、活動が吸収されるのは避けたかった。

運動体の肩書きをもつことによって名声を得ることは、それがいかに努力して手に入れたものだったとしても、望ましい結果をもたらすとは限らない。私の知り合いのオーガナイザーは、実際にはとても内向的な人たちが多く、表舞台に立っても脚光を浴びたり称賛されることが苦手だ。私たちが肩書きや名声を利用する理由は、自分たちが重要だと思う社会問題を広く知らせ、闘いに新しい人々を誘って、私たちを成長させてくれた運動を育て続けるためなのだ。

パトリスと私が初めてCNNに出演したのは、2014年12月だった。マイケル・ブラウン殺害事件において、大陪審※が警官のダレン・ウィルソンを起訴しなかったこと、そしてその数日後にはエリック・ガーナー殺害事件で、警官のダニエル・パンタレオを起訴しないとした大陪審の決定に対して意見を求められたのだ。私たちは、黒人女性に贈られる「ブラック・ウィメンズ・ブループリント賞」を受賞するためにすでにニューヨーク市内にいた。この授与式では、運動を前に進めることができるよう、黒人女性らが私たちを励まし、そして黒人女性の活動が消されることのないように温かく包んでくれた。パトリスと少し相談し、テレビ出演に応じることにした。

当時、大手ネットワークテレビ局では、あまり黒人の声を伝える人がいなかった。メリッサ・ハリス＝ペリーは2012年、MSNBC（ニュース専門放送局）で自分の番組をもった。彼女は、全米で始まった運動について議論するために自分の番組を活用し、定期的に活動家やオーガナイザーを招

※　犯罪を起訴するかどうかを決定する機関。一般市民から選ばれた陪審員で構成される。起訴陪審ともいう。

いて運動について語った。ドン・レモンは２００６年からＣＮＮのニュースキャスターを務めているが、運動の初期には、その趣旨に賛同していなかった。視聴者が運動の意味を理解できるように番組を進行するよりも、運動をセンセーショナルに伝えることに関心があるようだった。ローランド・マーティンはＣＮＮに定期的に出演する外部レポーターであり、「ＴＶ Ｏｎｅ」という自分の担当番組では、定期的に活動家を呼んでいた。しかし、こうしたほんの一握りのキャスターを除けば、黒人のキャスターやコメンテーターはほとんどいなかった。

運動についての報道もまた課題であった。運動を肯定的な形で伝えようとする黒人のキャスターがほとんどいなかったため、当時描かれていたことの多くは好意的な内容でなかった。怒っているデモ参加者が物を壊しているような映像はあっても、それ以上に抗議に値することがあるのだと視聴者が理解できるように、デモ隊の人々とのインタビューを丁寧にすることなどほとんどなかった。黒人メディアはそれぞれ見解が多少異なっていたが、少なくともアメリカで黒人が直面する構造的問題を掘り下げていた。抗議だけでなく、そこには私たちの生活を大きく左右する社会的構造があり、それを変えようとしている組織の立役者は黒人の若者たちだった。黒人メディアは、その若者たちを高く評価した。

パトリスと一緒にマンハッタンのコロンバス・サークルに着いたとき、どこに行けばいいのか迷っていた。当時ＣＮＮは、地下鉄の駅を挟んだ反対側のショッピングモールに隣接していた。私は、前日にブルックリンの古着屋で買った赤い長袖のドレスを着ていた。ビルに入るなり数分は完全に方角がわからなくなったが、守衛所で入館手続きをしてから、所持品検査を済ませてセキュリティゲートを通り、エレベーターで指定された階に行った。そこからヘアセットとメイクをしてもらい、撮影スタジオに案内された。

私たちは、CNNのブルック・ボールドウィンと短時間の撮影をした。テレビ番組は、すべてにおいて現場よりも画面を通した方が立派に見えるものだ。テレビのスタジオセットは、低めの台の上にテーブルがあるだけで、その周りを机とテレビカメラが囲んでいるだけだった。テーブルの後ろには椅子があり、ゲストとホストがイヤーピースをつけるとプロデューサーや遠隔出演するゲストの声が聞こえるようになっている。コーヒーカップは各席にきちんと置かれているが、コーヒーはおろか、飲み物さえ入っていないことが多い。一般にテレビでは制作スタッフ全員が同じ部屋にいるように見えるが、実際には、スタジオで3人がモニターとテレプロンプターに見入っているのだ。

私はパトリスの隣に座り、緊張しながらも毅然としていたと思う。ニュースでは、大陪審の決定を受け入れるように視聴者を促し、抗議行動を抑制しようとしていたが、ボールドウィンは穏やかな口調で、純粋にあらゆる視点を紹介していた。こうした番組で伝えたいことを言い尽くすには、いつも時間が足りない。しかし、こういうときに私たちのメディアトレーニングが役立った。私たちはまず、殺人罪に問われた警官に対して起訴処分を拒絶した大陪審は例外ではなく、よくあることだと説明した。さらに、被害者の家族に対し、早く乗り越えるように促すよりも、何か他にすべきことがあり、私たちはすべての人のために正義を全うするまで、ブラック・ライブズ・マターの闘いを止めないことを、はっきりと伝えることができた。

マイクを外してセットを降りたとき、運動の方向性が変わったように感じた。ブラック・ライブズ・マターは、もはやアメリカ全土で使われている単なるスローガンではなくなっていた。運動を盛り上げたのは単なる自然発生的な怒りでもなければ、分析も戦略も目的もない市民の蜂起でもなかったのだ。私たちが帰ろうとしたとき、編集室から顔を出した別の番組のプロデューサーに呼び止められた。私たちの出演を希望していたらしい。ブラック・ライブズ・マターは、何カ月も前からメディアで話題になっていたが、突然、メディアの側が私たちを代弁してくれるようになったのだ。その日ビルを出たのは、３つの番組用に３場面を収録した後だった。

リーダーが偶像化されるリスク

これが、ブラック・ライブズ・マターの共同設立者である私たち３人にとって、個人的にも集団的にも、全米、さらには世界的に知名度を上げるきっかけとなったのだ。知名度を上げるのは、私たち３人の目的ではなかったし、今でもそうではない。私たちがＣＮＮに出演したのは、「ブラック・ライブズ・マター」という運動のブランドを立ち上げるためではなく、伝えるべきことが伝わっていなかったからである。さらに、問題だらけの思い込みも散見され、それに対してしかるべき指摘がされていなかったために、ニュース番組への出演を承諾したのだ。自分たちの声ではなく、そうしなければ聞こえてこないであろう人々の声、希望、夢を広く伝える方法として、私たちはメディアを利用してきた。そして、こうした名声や肩書きを築き上げながら、私たちは祭り上げられ、さらにそこから私たちを蹴落とそうとする人たちに悩まされてきた。

私がオーガナイザーとして研修を受けていたころは、まだSNSは今日ほど人気がなく、広く使われていなかった。戦略やその成果、あるいは不満をめぐる議論は皆が読める形で、よく電子メールで回覧されていた。当時、電子メールは広範囲に届く重要なものに思えたが、振り返ってみると、世界中に届くSNSに比べれば、とてつもなく狭い世界だった。

しかし、私の小さな世界の片隅でも、比較的無名の草の根のオーガナイザーから、さらに大きな力と影響力をもつよう成長した人たちがいた。そしていちばん目立つメンバーらが、元々の運動の狭い領域を超えて有名になりすぎたと思われたとき、ややこしい問題が生じることがわかった。

現在、全米家事労働者同盟のディレクターであり、「世代を超えたケア（Caring Across Generations）」の共同ディレクターでもあるアイ・ジェン・プーが、ニューヨーク州で初めて「家事労働者の権利章典」を勝ち取ったことで知名度を上げ、その成功にもとづいて肩書きを得たが、彼女を大きく成長させた運動内では静かに波紋を呼んだ。彼女の名声が、狭い世界の片隅から飛び出してしまったことが良いのかどうか、誰もが判断しかねた。ヴァン・ジョーンズが極左の革命家から、超党派の改革者に生まれ変わり、「グリーン・ジョブ君主」としてオバマ政権の補佐官に着任すると、彼を育てた運動はすぐに彼を否定した。パトリス・カラーズが、ロサンゼルスのレイバー／コミュニティ・ストラテジー・センターのプロジェクトであるバス乗客組合の活動を通じて名声と肩書きを得たときでさえも、私は彼女の先輩から「（パトリスは）黒人解放運動をリードする能力があるのか」という趣旨の電話を受けたことがある。

どんな段階にある運動も、今までの殻を破ってメジャーになる人と対立することがある。メジャーになった人は、新しい人たちに向けて運動の理念をアピールすることができるが、敵対視される。

運動において個人が知名度を上げることについては、重要な指摘がある。名声や肩書きが神格化されると、カリスマ的なリーダーによって運動自体の影が薄くなる。「カルト化」すると言う人もいる。個人は誤りを犯しやすいため、あまり注目されすぎると運動に影響するというリスクがある。特にその人物が、運動の本来の目的を伝えられない場合はなおさらである。

もう一つの指摘は、個人に注目しすぎることは、私たちが壊そうとしているはずの社会構造を強化してしまうということだ。資本主義とは、エリートと企業の利益のために労働者と資源を搾取することによって社会がまわる、人よりも利益を優先させるシステムである。そして、私たちがそれぞれに生存のための競争を運命づけられた個人主義の論理に則っている。資本主義はあらゆることを貨幣化し、運動を含むありとあらゆるものが取り引き可能な仕組みを生み出している。個人が運動の顔となり社会に知られるようになると、運動は資本主義的な考え方で評価されることがある。時にはリーダー本人が競争主義に毒されている。個人は競争に勝利した結果、リーダーとして目立つようになり、運動から恩恵を享受する。白人至上主義は非白人のコミュニティよりも白人を優先する思想であるが、白人至上主義者からリーダーとして選ばれるような人は、人種差別が今もなお支配的な私たちの社会に対して、異議を唱えようとしないだろう。リーダーとして選ばれるような人たちは、幅広い層にアピール力がある人だ。というのも、話し方や見せ方、そして提案する解決策などから、信頼できる人だと映るからだ。そして、幅広い層にアピール力があるとは多くの場合、白人にとって受け入れやすいかどうかが基準となっている。

もう一つ大事な指摘は、運動によって肩書きと名声を手にする人は、運動の利益を最優先に考えていない場合があるということだ。それは、活動家が組織を築くのに時間をかけずに急に有名になったり、組織や選挙区の裏付けをもたないときに顕著に表れる。黒人コミュニティの生活を損なう社会的構造自体を直接問うよりも、富を得て有名人になるか、あるいは、有名人に近寄るために運動の肩書きと名声をバネにするのだ。

こうした指摘は、運動が取り組むべき問題に対して重要な疑問を投げかけ、矛盾を露呈させる。運動は変化を生み出さなければならない。それは文化的な変化として表れることもあれば、政策の変更という形を取ることもある。しかし、どちらの変化を起こすにも力《パワー》を必要とし、その力の源は民衆なのである。ということは、運動が、何百万人もが参加する規模に達しなければならない、ということだ。ただし、それは革新的なものばかりではない。

とはいえ、もし公民権運動の戦術や指導者らについての名前や実績が、全米の各家庭に知られていなかったとしたら、運動はあのとき何かを獲得できただろうか。もし、ハリウッドの俳優たちがブラック・パワー運動を支持していなかったら、あのような運動はあり得ただろうか。グロリア・スタイネムや雑誌『ミズ』※がなかったら、１９７０年代の女性解放運動はこれほどまでに成功し、周知されるようになっていただろうか。私たちはすでに運動について知っている人たちや、直接的な恩恵を受ける人たちに支持されているだけで、満足してもいいのだろうか。それとも、リーダーやメディアや組織などの拠点を作り、より多くの人たちにアピールするべきなのか。

確かではないが、これらの運動は、手に入るツールは何でも活用したからこそ、全米における何百万人もの生活のあり方を変えることができたのだろう。

比較的無名な立場からメジャーになることが間違っているのではない。しかし、個々のリーダーを偶像化し、運動の責任を負わせることは間違いなのだろうか。有名になったリーダーが、人々を運動に積極的に巻き込むよりも、自分に近づいてもらうことで運動を拡散することは間違いなのだろうか。

社会運動に関わるすべての活動家は、誰でも果たす役割と貢献できることがあり、それぞれが何かしら評価されるべきである。しかし個人を偶像化すると、多くの人々の貢献があいまいになってしまうのだ。運動がどれだけ成長したかではなく、運動の成功を一人の人間の資質に帰してしまう。よく言えば、単に役割を果たしているだけの人を、「権力に対して真実を突きつける」ことができるとして称賛し、有名人に変えてしまう。最悪の場合、能力不足の人や、私たちが抵抗している社会的、経済的制度の一部になってしまうような人に任せ、その人物を偶像化してしまうのだ。名声や肩書きは本質的に悪いものではなく、運動のためには役立つこともある。しかし、個人を偶像化することは、運動の目標を達成するにはほとんど役に立たない。

オンラインとオフラインの使い分け

私は全米を旅して、地域社会を変えていこうとしている意欲的なリーダーたちと対話をしてきた。正直に言うと、その中で「どうやったら肩書きを築き上げられるか」と聞かれると、内心がっかりする。また、「インフルエンサー」だとして紹介されたときもそうだ。真面目な話だが、最近、ある優秀な若い黒人の仲間が、「学生インフルエンサー」と書かれた名刺を私に渡してきた。喉元まで出た言葉を飲み込みながら、私はこう答える。「何のため、誰のために肩書きと名声を築く必要があるの？」

私は今でも、ツイッターのフォロワーやフェイスブックの友達の数が、自分の影響力の大きさを表しているとは思っていない。こんなことを言ったら、ネットオーガナイザーである私の友人に殺されるかもしれないが、決して軽蔑しているわけではない。ツイッターのフォロワーが100万人もいれば、確かに何事かに影響し、誰かに影響を与えていることになるだろう。しかし、いずれにしろ、誰のため、何のために肩書きと名声を求めるのかという疑問は残る。

ブラック・ライブズ・マターはハッシュタグとして始まり、その後、ネット上で人と人とをつなぐ一連のSNSのページへと成長していった。しかし、それが効果を表したのは、多くの人々がブラック・ライブズ・マターのために動き始めたときだった。もし私たちが、決定権者に対して直接その不満を伝えることなく、ただ不満をツイートし続けたとしたらどうなっただろうか。もし私たちが、キャンペーンの募金活動や記者会見に顔を出すことなく、市庁舎や警察署の前に座り込みをすることも

※　*Ms.*　1971年にフェミニスト活動家のグロリア・スタイネムとドロシー・ピットマン・ヒューズが創刊した雑誌。男性の敬称は未婚・既婚にかかわらずMr.であるのに対し、女性がMiss.（未婚）とMrs.（既婚）とされるのは差別的だとしてMs.とすることを提唱、雑誌名にした。今では女性を自認する人々に広く使われている。

なく、ただ何が間違っているかをネット上に書き続けるだけだったらどうなっただろうか。どんな影響があっただろうか。これも運動と見なされるだろうか。

ブラック・ライブズ・マターは、オンラインで人々を集め、オフラインで行動をともにすることを可能にした。もともとネット上だけで組織化したり、教育したり、情報を提供したりするだけでは、組織化は成功しないと考えていた。しかし、それ以上に、オフラインで人を集めるには、運動が成熟するような関係をつむぎ、インフラを整備する必要がある。運動を作るには、抗議活動だけでは決して十分とは言えない。抗議活動には、計画と準備が必要である。アウトリーチと参加、フォローアップ、セキュリティと安全対策、メッセージと目標設定、要求、文化的要素――これらすべては、抗議活動の裏方として、人々が関わることができる機会となる。

私にとって、地位や名声は、運動の戦略のためにある。ＳＮＳでどれだけ多くの人が私をフォローしてくれていても、オフラインで一緒に何か偉大なことをするために、みんなを動かせないのなら意味がない。オフラインで連帯して運動を起こすことが、必要な変革を遂げるための唯一の道なのだ。「私のように」なりたがる人もいるが、私が私らしくあるためにやっている活動に参加しなくてもかまわない。それは私が個人で行うのではなく、運動のための活動なのだ。ツイッターのフォロワーに、問題のある決定権者を追い出すように投票してもらい、ビジョンと計画を吹き込むことが果たしてできるだろうか。すべての州にいるフェイスブックの友達を、どんな声も大切にする民主主義の守り手へと変えることができるだろうか。もしそうでないなら、率直に言って、地位も名声もゴミ同然だ。地位も名声も、運動のためにのみ役に立つ。

社会変革を遂げるための戦略もなく、私たちは、ただ地位や名声を築くことを奨励しているのではないかと不安になる。つまり、SNSで自分たちをフォローする人の数によって、世界を変えられると思わせてしまっているのではないか。私は、運動にはブランドではなく、拠点が必要だと学んだ。

青いベストの活動家

ディレイ・マッケソンは、本当は私がパトリスとオパールとともに始めたブラック・ライブズ・マター運動を立ち上げた人物だと思われていて、よく称賛されている。しかし、マッケソンの例は、地位と肩書きと名声についての教訓となった。運動において役割分担を誤らないよう注意すべきだと私たちは肝に銘じた。

マッケソンに初めて会ったのは、ミズーリ州ファーガソンだった。パトリスとオパールとともに、ブラック・ライブズ・マターを立ち上げてから1年後のことだ。この出会いが問題の始まりだった。パトリスとダーネル・ムーアは、黒人のオーガナイザーやスピリチュアル・ヒーラー、それに弁護士、教師、医師やジャーナリストなどが、全米からファーガソンに集まるフリーダム・ライド運動を企画していた。私は、現地で別のグループを手伝うためにセントルイスに飛んだ。フリーダム・ライド運動の期間、セントルイスにいたのだが、現地の様子を教えてもらっている最初の数日間に、マッケソンという若者について知る機会があった。

マッケソンは黒人コミュニティのためのジャーナリストとしてファーガソンの現場にいた。私は、後に「ムーブメント・フォー・ブラック・ライブズ（Movement for Black Lives）」と呼ばれるようになった団体が主催した集会に参加していた。そこで、マッケソンに声をかけられ、ジョネッタ・エルジーが創刊した*This Is the Movement*というニュースレター用に、ブラック・ライブズ・マターを取材したいと言われた。ニュースレターでは、私たちのことだけでなく、ブラック・ライブズ・マターのＴシャツを購入できるリンクも紹介してくれた。さらにニュースレターの別の号では、フリーダム・ライド運動の最中に聖ヨハネ教会で行われた、パトリスの「from #BlackLivesMatter」という講演が取り上げられた（この教会はセントルイスにおいて、フリーダム・ライダーの本拠地だった）。

次にマッケソンに会ったのは、抗議行動をきっかけに若い女性たちが活動家グループを結成し、パトリスが彼女らの仲介をしているときだった。フリーダム・ライドが行われた２０１４年９月のレイバー・デーの週末からおよそ１カ月後に「抵抗の週末」の行動があり、みんなでそれに参加していたときのことだ。若い女性たちは友人同士だったが、抗議活動のプレッシャーに加え、他の要因が重なったこともあり、彼女たちの間には溝ができていた。パトリスはヒーリングの専門家でもあるので、彼女らの仲を取り持った。ＳＮＳ上で互いを攻撃するようなやり方ではなく、個人間の違いを話し合いで乗り越えることができるように、メンバーらを連帯させようとしていた。エルジーは一時期活動家グループの一員だったが、彼女は応援要員としてマッケソンを連れてきた。私は、ファシリテーターとしてパトリスから呼ばれていた。

マッケソンと一緒にもう一人の女性が来ていた。若いメンバーたちが他人の視線を気にすることなく、本音で会話ができるように、外で待っていてくれないかとお願いした。彼は明らかにイラついたようだったが、そのときはそれほど気にならなかった。私は彼を知らないし、女性たちが意見の違いに向き合う空間ができるのであれば、自分が悪者になってもかまわないと思っていた。

ファーガソンを出たときには、マッケソンのことをすっかり忘れていた。だから彼が青いパタゴニアのベストを着て、ＳＮＳでビヨンセにフォローされている唯一の活動家だ、などとツイッターで自慢しているのを見たときには驚いた。

そしてそれ以来、彼が、私たちの活動について辛辣な言葉をぶつけているのに気づいた。私にもＳＮＳのフォロワーはいるが、ＳＮＳに執着しているわけではない。年齢のせいかもしれないし、他のオーガナイザーと会議をしたり、資金提供者、政策立案者や議員などと電話でやりとりしたりする中で、ＳＮＳ上で何が起こっているか追いかけている暇がないからかもしれない。彼がＳＮＳで発言したことについて知るのは、誰か別の人がそれについてショートメッセージで私の意見を聞いてきたりするからだ。

特に印象深かったのは、組織に属していなくても運動に参加できるという投稿だった。それは、ブラック・ライブズ・マターへの批判だった。私たちは当時、各地に支部をもつネットワークを通して組織化を進めていたが、それに参加していない活動家が、ブラック・ライブズ・マターを名乗り始め、その活動が私たちの仕業だと右翼から攻撃されていたのだ。ここで指摘されている活動家らは、警察を「ブタ」と呼び、「ブタを包んでベーコンのように揚げてしまえ〔警察を殺せ、という意味〕」などと唱えながらデモ行進をしていた。ニュース報道は、蜂の巣をつついたように騒然とし、私たちのチームはブラック・ライブズ・マターと名乗る者が、必ずしも正式な組織の一員とは限らないことを説明するのに躍起になっていた。ブルックリンで二人の警官が襲われて銃殺されたとき、保守メディアはこれをブラック・ライブズ・マターと関連付けようとしたが、犯人がブラック・ライブズ・マターは「甘すぎる」とSNSに書き込んでいたことが判明したため、すぐに報道を撤回した。私たちの運動はこの種の抗議者とは何の関係もなかった。しかし一方で、結束が固く正式な組織としての仕組みがないと、潜入・分裂工作に遭う危険に晒される。さらには、リスク対応について組織決定していないことで責任を問われるのではないかと、ますます懸念を募らせていた。

私はSNSでマッケソンを攻撃するのではなく、自分のネットワークを駆使して彼と連絡を取ることにした。私は、電話でいい話し合いができたと思っていた。SNSに投稿したコメントの意図を尋ね、私たちがブラック・ライブズ・マターとして何をしようとしているかを説明した。また、運動において組織が果たす役割について話し、私がどうやって組織の重要性を理解できるようになったか、そして私たちの組織が排他的なものではなく、価値観や目的やビジョン、戦略などを明確にしようとしていると説明した。最後に、今後もお互いコミュニケーションを取ろうと約束し合い、私たちの行動や発言内容について質問があれば、いつでも話をする準備があると伝えたことをはっきりと記憶している。さらに、SNSは意見の相違があまりうまく伝わらないと感じていると言うと、彼もそれに同意した。

数週間後、ニューヨーク州北部で私が主催する集会があったので、誠意をもってマッケソンとエルジーを招待した。そこには、世代を超えて、オーガナイザーや活動家、評論家や実務者などが連帯を強化するために集まった。マッケソンはそこでは、明らかに居心地が悪そうだった。二日間とも、ほとんどエルジーとくっついていただけだった。二人とも、他の人たちとはあまり交流せず、新しくつながりを作ろうとしなかった。私は正直、そこでの彼の行動に嫌気がさしていたし、彼を招待したのは間違いだったのかもしれないと感じていた。もう二度とあんなことはしないと自分に言い聞かせたほどだった。

その後マッケソンと会ったのは、ムーブメント・フォー・ブラック・ライブズが主催した2016年の大会だった。主催者が大統領候補者は出席しないようにと明確に要請したにもかかわらず、ヒラリー・クリントン候補が出席し、マッケソンがクリントンと彼女の選挙チームと会っていた。ムーブメント・フォー・ブラック・ライブズは、黒人解放運動の目標と目的を前進させるために、全米で活動する黒人主導の組織が作る連携組織である。ブラック・ライブズ・マター・グローバル・ネットワークは、ムーブメント・フォー・ブラック・ライブズに加盟していた。主催者も私も怒りを感じていた。マッケソンはブラック・ライブズ・マターのことを散々クソ呼ばわりしていたのに、なぜ運動関係者の大会に現れたのか。票を集めるためにあらゆる場を求める大統領候補者から独立性を維持するため、大会主催者が候補者との面会を予定しないようにとはっきりと言っていたにもかかわらず、なぜそういうことをしたのか。大会委員会がワークショップや活動を企画し、数カ月もかけて大会のための資金集めをしたことを考えても、なぜマッケソンはクリントンと会う予定を立てる前に、委員会に連絡をしなかったのか。さらに、なぜ彼は大会の場でクリントンと会ったのに、大会の主催団体を招待しなかったのか。

誰が仲間なのか

私はオハイオ州クリーブランドで開催されたムーブメント・フォー・ブラック・ライブズの集会を終え、ニューヨークに着いたばかりだった。大会自体はすばらしかったものの、最後にファーガソンの活動家たちと関係を修復するために話し合いをすることになり、しこりが残った。現地活動家らは、ファーガソンとブラック・ライブズ・マターが混同され、地元の活動家やオーガナイザーよりもブラック・ライブズ・マターが注目されていることに憤慨していた。友人が送ってくれたニュース記事には、「クリントン候補がクリーブランドのブラック・ライブズ・マターの活動家と会う」との見出しがあり、私は激怒した。記事を読んでみると、ブラック・ライブズ・マターの活動家として紹介された中には、なぜかマッケソンも含まれていた。しかしその記事は、ファーガソンだけでなく、全米で抗議行動を主導した多くのリーダーたちについては触れていなかった。後になって知ったのだが、彼らはクリントンとの面会に招待されてもいなかったし、面会が予定されていたこと自体も知らされていなかった。

ブラック・ライブズ・マターは、警察の暴力に関連した組織化や活動の総称となってきた。その原因の一つは、ジャーナリストをはじめとする報道機関の怠慢である。ブラック・ライブズ・マターが一つの組織であり、それよりも大きな運動が全米そして全世界を席巻していることを正確に表現するのではなく、黒人に関することや抗議行動に関するものは、すべてブラック・ライブズ・マターと一

エピローグ　自分のケアを忘れずに

この本を執筆中、突然、母が亡くなった。

この本があなたの手元に届くまでに、私がどのような節目を迎えているかはわからないけれど、確実に言えることは、それがいつであろうと（このエピローグを書いている時点では母の死から2年が経過）、悲しみは同じ形をしていなくても、まだそこにあるということだ。今、この瞬間ほどその痛みは鋭かったり、激しかったり、刺々しくはないかもしれないが、私にずっとついて回っているだろう。母がいない毎日は文字通り痛みを伴ってきた。母の病は長らく察知されることもなく彼女の体を蝕んでいたのだろうが、あまりにも唐突であっという間に死にいたった。診断を受けて亡くなるまでの7週間は悲惨だった。

父から電話がかかってきたあの日を、私は一生忘れないと思う。サンフランシスコに降り立ったばかりの私は、ヘイト通りにできた新しい書店に向かうところだった。それは、聴衆を前に*Eloquent Rage*（『雄弁な憤怒』）を出版したばかりのブリトニー・クーパーをインタビューするためだった。ベイエリアでは最悪の時間帯であるラッシュアワーに到着したため、イベントに間に合わないのではないかと心配していた。ところが機転の利くライドシェアの運転手のおかげで、書店には早めに着いた。

そのうち、聴衆が集まり始めた。私は外で、開演前の数分を一人で過ごしていた（根は内向的なので）。中に入ろうとしたそのとき、電話が鳴り、スマホのスクリーンに「パパ」と光った。留守電につながるようにしたら、メールがきた。

時間があるときに電話をくれ

OK、OK、これからイベントなの。8時半には終わるから、そのとき電話するね

ありがとう！

イベントはうまくいき、ブリトニーと私は白人性の不条理を茶化し、思いっきり楽しむことができた。最後の参加者が帰った後、帰路に着くためにライドシェアを呼んだ。そこで、こんなすばらしいイベントの後には一杯でも飲まないと、と思い立った。

ちょうどバーに入ろうとしたところで私は父に電話をした。

一回鳴っただけで父は電話に出た。彼は母がいつもの母らしくなく、物忘れが激しい、と言った。この2年間、二人で暮らしてきた家の中で迷子になるだけでなく、この前はタオルを冷蔵庫に入れているところを目撃したのだ、と。

心臓がバクバク鳴り始めた。「マミーに何があったんだろう？　脳卒中でも起こしたのだろうか」。

朝になったら、母を病院に連れていき、ＭＲＩ検査をしてもらうよう父に勧めた。母の混乱状態と記憶障害がどんどん進行していることを医師に言うように伝えた。父は保険会社がＭＲＩの料金を負担してくれるか承諾を得ないといけないのが心配だと言ったが、私は、医師が母の健康状態にある程度の疑いをもてば、保険会社を説得するだけの材料になるから大丈夫だと伝えた。医師に何と言われたか、すぐに私に電話で教えてくれと父に頼んだ。

翌朝、目覚めてからいつものように一日が始まった。私がサンフランシスコを数日離れている間に、母から小包が届いていた。何が入っているのか想像もつかないままソファに座って開けてみると、笑いが出た。両親の庭にあるレモンの木から採れたレモンが一個ずつ包まれて箱一杯に入っていたのだ。それには母の美しい字で書かれたメモも添えられていた。メモには、レモンが凍ったりするともったいないので私に送る、だからパートナーと分けるように、と書かれていた。あとは、私が出演した地方テレビ局の黒人歴史月間の特番について教えてくれてありがとう、とも書いてあった。ふだんは私が関わったインタビューや出演したイベントについて、母にほとんど伝えていなかったのだ。私はレモンを脇に置いてメモに微笑み、いつものように過ごした。

その日の夕方、私はアパートの中をせわしなく走り回っていた。地元のイベントに出るはずだったのだが、いつも通り少し遅れていた。高すぎるヒールの靴を持ちながら家の中を大急ぎで走っていると、電話が鳴った。

「あ、パパ」私は息を切らせていた。「どうしたの？」電話の向こうから聞こえてきたのは、今まで父が発したことのないような声だった。大泣きしていたのだ。

「マ、ママ、ママが、が……」と父は言葉に詰まった。

「深呼吸して。どうしたの？」

父に状況を話してもらえるまで、数分かかった。

母の脳に腫瘍が見つかったのだという。私は床に泣き崩れ、父と一緒に嗚咽した。

・・・

それからの7週間は現実離れしていた。歩いたり話したりできる状態だった母が、わずか数日のうちに集中治療室（ＩＣＵ）に移された。さらに一週間余りで脳に溜まった水を抜かなければ命に関わる状態となった。こうしてその先の治療方針を検討することになった。その間ＩＣＵでは、手術があり、内科医、看護師、他の患者、数年ぶりで会うような親戚が出たり入ったりしていた。私はその場でそれを見ていた。私はセルフケア以外、担当するすべての予定をキャンセルした。だが、セルフケアを続けることも難しかった。私たちは書類と格闘しながら、母の希望を判断しようとした。彼女がほとんど話せなくなっていたからでもあるが、話せるときも、何を言っているのかわからないことが多かったからだ。調子の良い日は、私が病院に到着すると、母は昔の母に戻ったかのように１００万ドルの笑顔を振りまいて笑い、看護師たちと冗談を言い合い、レモンのパウンドケーキを食べていた。でもほとんどの日は、意識がないか、無言だった。母はなかなか眠ることができないらしく、何日間も起きたままのこともあった。せん妄状態を防ぎ安眠できるように、医師たちは薬を投与するしかなかった。７週間の間に診察室からＩＣＵ、急性病棟、さらにホスピスへと移動した。７週間の間にどんな家族でも躊躇するような決断を強いられた。母の意識が比較的はっきりとしていたある日、私は母にどういう最期を迎えたいか聞いてみた。すると彼女は戸惑った様子で私を見て、「あら、ベイビーガール、私はまだ死ぬ準備なんてできてないよ」と優しく言った。こうした一つひとつの光景は、これからもずっと心の痛みとして私について回ると思う。夜、目を閉じるとその場面が見えたり、予期せぬときにその思い出がよみがえる。誰かと会話しているときにふと母の「死にたくない、死ぬ準備ができていない」と言う声が聞こえたりする。

準備なんかできていなくて当然だった。母は63歳で、私は彼女が永遠に生き続けると思っていた。

・・・

私の母でありいちばんの親友でもあった人を癌で亡くすのは、私の人生で最悪のトラウマだった。この文章を書いている私は39歳だ。私は癒しを得ることもできるし、自分の悲嘆《グリーフ》とトラウマを直視し受け入れるだけの力もある。加えて、悲嘆やトラウマを経験し、それらの多様な面を見てきたので、悲嘆とトラウマを放置しておくと、それによって殺されてしまうことがあることを重々承知している。

人は何かしらのトラウマを抱えている。これを書いている今、私たちはいわば急性の国家的トラウマの真っ只中にある。パンデミックにより露呈した公衆衛生上の絶望的な危機、経済危機の深刻化、それに加え、選挙に妨害が入り、投票に行くことが日に日に危険で難しくなってきているという民主主義の危機がある。私たちは苦しみに囲まれている。トラウマがどんどん大きな渦になっていく。

すべての人間はこの世の中を生きていくために、つながりと親密さを必要としている。トラウマと悲嘆により、人は間違いなく他人とつながることが困難になる。トラウマと悲嘆は人生という橋の下で待ち構える龍のようなものだ。橋を半分渡ったところで龍は姿を現し、火を吹き、足元から燃やしてしまう。そしてトラウマと悲嘆は単独で行動するものではない。奴らは徒党を組んで、自信喪失、憤怒、依存症など、恐ろしい子分を引き連れている。

何年も努力してきたことで、今まで経験した痛みや苦しみにもかかわらず、私はいい人生を生きてきたし、生き続けたいと思うようになった。

私は10代のときに、信頼していた人から性的暴行を受けた。虐待を伴う関係を家族や恋人との間で、二重三重に経験してきた。毎日のように、人種差別、家父長制、資本主義、ホモフォビア（同性愛嫌悪）その他の人とのつながりの可能性を閉ざそうとする様々な障害にぶつかり、トラウマを体験している。しかし同時に、常に私には人と人とのつながりに心を開いたままでいる選択肢と機会がある。なぜなら私はつながりを必要としているし、それに値する人間だからだ。みんなそうだ。

中にはトラウマや悲嘆に絶え間なく直面する人もいるだろう、いや、確実にいる。母を亡くすことの痛みを知った今、両親が亡くなっていたり刑務所にいたり、両親を知る機会が全くなかったという人のことを思う。私は知人でも知らない人でも、毎日、死や失望や絶望を経験し、多様なトラウマを抱える人たちのことをよく考える。人間であればトラウマを避けて通ることはできない。しかし、社会に存在する不公正によって、他の人より多くトラウマを経験する人がいる。そのような人たちにとっては悲嘆やトラウマは、人生を決定づける一度きりの経験ではない。毎日吸い込む空気のような存在なのだ。

トラウマや悲嘆の影響は、私たちの仕事の中でも見られる。家から退去させられることを知りながらそれを阻止できない悲痛。たった一人の子どもを地域での暴力や、警察による暴力、あるいは自殺

世界を動かす変革の力
―― ブラック・ライブズ・マター共同代表からのメッセージ

2021年1月20日　初版第1刷発行

著　者　アリシア・ガーザ
監訳者　人権学習コレクティブ
発行者　大江　道雅
発行所　株式会社明石書店
〒101-0021 東京都千代田区外神田6-9-5
電　話　03 5818 1171
ＦＡＸ　03 5818 1174
振　替　00100-7-24505
http：//www.akashi.co.jp

組　版　朝日メディアインターナショナル株式会社
装　丁　清水　肇（プリグラフィックス）
印刷／製本　モリモト印刷株式会社

（定価はカバーに表示してあります）　ISBN978-4-7503-5115-5